001tr Abb.:rh

Kleine Tropenkunde

Unterwegs

Begegnungen

Ernährung

Gesundheitspflege

Gefahren

Aktivitäten

Anhang

Reise Know-How im Internet

Aktuelle Reisetipps und Neuigkeiten
Ergänzungen nach Redaktionsschluss
Büchershop und Sonderangebote
Weiterführende Links zu über 100 Ländern

www.reise-know-how.de
info@reise-know-how.de

Wir freuen uns über Anregung und Kritik.

Roland Hanewald

Handbuch für Tropenreisen

„Zukünftig wird es nicht mehr darauf ankommen,
dass wir überall hinfahren können,
sondern ob es sich lohnt, dort anzukommen."

Hermann Hesse

Impressum

Roland Hanewald
Handbuch für Tropenreisen
erschienen im
REISE KNOW-HOW Verlag,
Osnabrücker Straße 79, 33649 Bielefeld

Herausgeber: Klaus Werner

© Peter Rump
1. Auflage 2003
Alle Rechte vorbehalten.

Gestaltung
Umschlag: G. Pawlak, P. Rump (Layout), K. Werner (Realisierung)
Inhalt: G. Pawlak (Layout), K. Werner (Realisierung)
Fotos: der Autor (rh), Klaus Werner (Umschlag vorn)

Druck und Bindung
Fuldaer Verlagsagentur

ISBN 3-8317-1080-5
Printed in Germany

Dieses Buch ist erhältlich in jeder Buchhandlung der BRD, Schweiz und Niederlande sowie Österreichs und Belgiens. Bitte informieren Sie Ihren Buchhändler über folgende Bezugsadressen:

BRD
Prolit GmbH, Postfach 9, 35461 Fernwald (Annerod)
sowie alle Barsortimente
Schweiz
AVA-buch 2000, Postfach 27, CH-8910 Affoltern
Österreich
Mohr Morawa Buchvertrieb GmbH
Sulzengasse 2, A-1230 Wien
Niederlande, Belgien
Willems Adventure
Postbus 403, NL-3140 AK Maassluis
Wer im Buchhandel trotzdem kein Glück hat, bekommt unsere Bücher direkt bei: **Rump Direktversand**, Heidekampstraße 18, D-49809 Lingen (Ems) oder über unseren **Büchershop im Internet: www.reise-know-how.de**

Roland Hanewald

Handbuch für Tropenreisen

Inhalt

Vorwort

Es gibt Weltkarten, auf denen die Auswirkungen des biblischen Gebots „Macht euch die Erde untertan!" verzeichnet sind, welche also die von Menschen verursachten Veränderungen dokumentieren. Zu diesen Gebieten gehört ganz Mitteleuropa mit Ausnahme von ein paar Alpengipfeln: Alles bei uns ist künstlich, selbst was wir Natur nennen, ist seit Jahrhunderten verfälscht.

Die einzige Region, die insofern weitgehend „echt" bleiben konnte, ist neben den Großwüsten und Polargebieten der Tropengürtel unseres Planeten. Wer die Welt so erleben möchte, „wie Gott sie schuf", muss sich in Äquatornähe begeben. Dort mögen, einem generellen Klischee zufolge, allerlei Gefahren drohen. Doch die sind dank dieses Buches beherrschbar. Unter dem Strich sind es viel weniger als in den technisierten Ländern, in denen allein Zigtausende von Verkehrstoten jährlich zu beklagen sind. Die Tropenländer holen aber gut auf und werden die hiesigen Zahlen bald in den Schatten stellen.

Auch das Denkmodell, dass es allen Tropenbewohnern entsetzlich schlecht ginge, stimmt nicht immer und überall. Elend und Einfachheit sind zwei verschiedene Paar Schuhe, wie man vor Ort rasch feststellen wird. Und wenn man eine Messlatte an die Lebensqualität legt, so sind oft weitaus höhere Werte vorzufinden als bei uns: Viele Menschen in den Tropen leben in geradezu paradiesischen Verhältnissen. Ein Grund, einmal hinzureisen, um sich selbst zu überzeugen.

Die Bewohner der Tropen, ihre Lebensart, ihre Kultur, ihre Ernährungsweise, ihr Verständnis des menschlichen Miteinanders – alles dies wird für den Besucher in den meisten Fällen völlig anders als das alltäglich Gewohnte sein. Mit dieser Andersartigkeit fertig zu werden, sie nicht nur zu tolerieren, sondern zum Teil sogar zu adaptieren, auch dabei soll dieses Buch eine kleine Hilfe sein, indem es für Verständnis wirbt. Das wiederum kann übrigens nur durch Verständigung erworben werben. Und weil man nicht überall Deutsch spricht (nicht einmal Englisch), wird im Text ganz speziell darauf verwiesen, wie sich der Erwerb exotischer Sprachen bewerkstelligen lässt – es ist einfacher, als man denkt!

Mut machen soll dieses Büchlein. Nicht nur, um die Entscheidung zu beflügeln, eine Reise in die Tropen zu unternehmen. Sondern auch, um mit Ratschlägen auszuhelfen, wenn es unterwegs einmal hakt, wenn sich Probleme auftun, wenn der Notfall eintritt, oder einfach, wenn (vielleicht völlig unberechtigte) Sorgen das schöne Erlebnis zu verderben drohen. In diesem Sinne: Gute Reise, bon voyage!

Roland Hanewald

Kleine
Tropenkunde

Wo genau liegen die Tropen?

Der tropische Bereich der Erde definiert sich als die Zone zwischen den **Wendekreisen** des Krebses und des Steinbocks, also zwischen etwa 23,5 Grad nördlicher und südlicher Breite. Auf diesen beiden ↗Parallelen kommt es im Lauf eines Jahres zur Sonnenwende, das heißt, die Sonne erreicht dort jeweils ihren höchsten senkrechten Stand, bevor sich der Vorgang wieder umkehrt.

Vom letzteren Verb stammt auch das **Wort „Tropen",** nämlich vom griechischen tropikos und ursprünglich trope, umdrehen. So viel zur geografischen Festlegung.

Eine andere Definition richtet sich nach der **Temperatur** und siedelt die Tropenzone dort an, wo das ganze Jahr hinweg im Mittel mindestens 20 Grad Celsius gemessen werden. Geografisch liegt diese Zone um einiges enger, nämlich in etwa zwischen 18° Nord und 17° Süd, den so genannten Palmen-

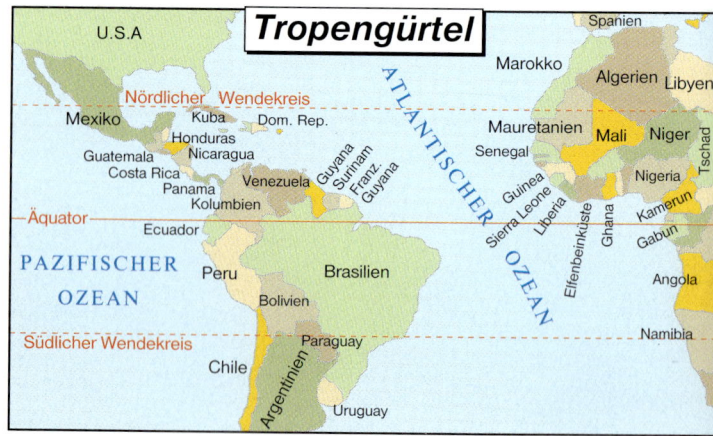

grenzen. Sie ist auch nicht so schön rund wie die Geozone, sondern weist zahlreiche Knicke und Einbuchtungen auf.

Dem Anschein nach macht der **Tropengürtel** nur einen geringen Prozentsatz der Erdoberfläche aus. Dennoch befindet sich in ihm ein sehr großer Teil Afrikas sowie das ganze nördliche Lateinamerika bis nach Mexiko und ganz Südostasien einschließlich Neuguinea und der Nordzipfel Australiens, alles in allem fast ein Drittel der festen Erdoberfläche. Wer für sich in Anspruch nehmen möchte, „die ganzen Tropen bereist zu haben", muss dafür schon ein ganzes Menschenleben unterwegs gewesen sein. Zum Beispiel bräuchte man schon 20 Jahre, um (bei einer am Tag) allein alle 7000 Inseln der Philippinen zu bereisen! Die Erde ist auch im 21. Jahrhundert weiterhin ein kolossales Gebilde.

Parallelen
Ein Breitengrad wird auch ein „Parallel" genannt, weil die Breiteneinteilung auf einer üblichen Karte (in Mercator-Projektion) parallel verläuft.

Kleine Tropenkunde

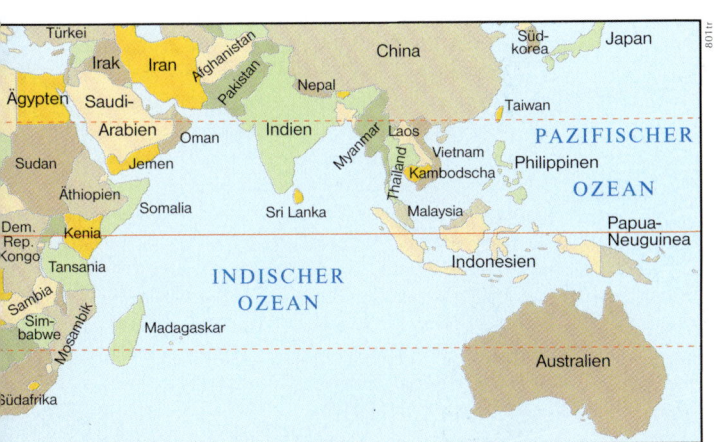

Die „Dritte Welt"

Die Erste Welt, das sind wir, die Industrienationen.
Weil wir das meiste Geld haben. Die Zweite war der kom-
munistische Block. Die Dritte ist der Rest, zumeist in
den Tropen gelegen und überwiegend arm, jedenfalls
ärmer als wir. Diese Rangfolge hat sich weitgehend über-
holt, schon weil von der Zweiten Welt kaum etwas verblie-
ben ist. Doch der Begriff der Dritten Welt lebt weiter. Die
Armen sollen einen kollektiven Namen haben. Wenn er in
diesem Buch weiterhin verwendet wird, so soll damit aber
nichts Diskriminierendes gesagt werden. Es ist ein Etikett,
nicht mehr und nicht weniger.
Die Dritte Welt ist eine, wie noch besprochen wird,
materiell arme, aber lebendige, nicht nur klimatisch,
sondern auch menschlich warme und sinnliche Welt.
Keine nennenswerte Homogenität kennzeichnet sie.
Anders als die Länder der Ersten Welt unterscheiden
sich jene Afrikas, Asiens, Lateinamerikas und Ozeaniens so
vollkommen voneinander, als lägen sie auf fernen
Planeten. Und was wir in unseren Medien von ihnen
hören, ist großenteils Negatives. Man gewinnt den
Eindruck, dass die Völker ganzer Erdteile auf Müllkippen
leben, von grausigen Gebrechen verzehrt werden, nichts
als Dreck essen und sich tagtäglich bis aufs Blut bekriegen.
Ein kompletter Kontinent wie Afrika scheint abgeschrieben
zu sein, von dort jagt eine Schreckensmeldung die andere.
Die positiven Aspekte treten nur in touristischer Werbung
in Erscheinung: Dort, wo der Fremde sich vergnügen soll,
ist die Welt heil. Ist das nicht seltsam?
Der Autor lebte 25 Jahre in einem, so die Auslandsmedien,
„von Bürgerkrieg geschüttelten Land", den Philippinen,
und empfand seine Existenz dort eigentlich als ganz
friedvoll und normal. In Afrika „tobt fast überall Matata
(Krieg, Unruhen, Revolution)", so ein anderer Pressebe-
richt aus dem Jahre 2000.

Kleine Tropenkunde

Aber ein paar Länder scheint es auf dem „Kontinent mit alter Chaos-Tradition" (Spiegel) doch zu geben, in denen der Kampf sich darauf konzentriert, die vertrackte Abhängigkeit von ausländischer Hilfe aus eigener Kraft zu durchbrechen - mit teilweise vorzeigenswürdigen Ergebnissen und erstaunlichen Wirtschaftswachstumsraten.

Jede Horrorbotschaft, die unweigerlich aus Afrika dringt, ist stets an ein „andererseits" gekoppelt. Zwar ist keine Regierung mehr da, andererseits auch keine Hungersnot mehr - so ein Beispiel aus Somalia, das irgendwie tief blicken lässt. Temporäre Rückschläge haben auch die asiatischen „Kleinen Tiger" nicht entmutigen können, sich in jüngster Zeit wieder aufzurappeln; Asien ist ja eh der Kontinent mit der fruchtbarsten Vergangenheit und den glänzendsten Zukunftsperspektiven. Und den Südamerikanern geht es traditionsgebunden immer nur eine Regierungsperiode lang schlecht, weil sie für die falsche Führung votiert hatten.

Stets aufs Neue erweist sich auch, dass ein Entkommen aus dem Klammergriff der internationalen Großfinanz zu Gesundung führt - schon, weil man keine Wälder mehr abholzen muss, um seine Schulden zu bezahlen und davon absehen kann, teure Waren zu importieren, die im Grunde niemand braucht. Fachleute aller Couleur wetteifern darin, die Zukunft der Dritten Welt in den schwärzesten Farben auszumalen. Sie beklagen vor allem den neuerlichen Zerfall von Staatsgebilden westlichen Musters („Nationen") in Stammes-Strukturen.

Doch vielleicht erweisen sich solche Kleingebilde menschlich erfolgreicher als große Imperien, denen, die Geschichte hat's offenbart, stets der Untergang vorgezeichnet war. Der Lauf der Dinge ist mithin ein ganz normaler, auch wenn die Übergänge oft von blutigen Wirren begleitet sind.

Die tropische Natur

Wenn von den Tropen gesprochen wird, denkt man zuerst an den **Dschungel,** jenen urweltlichen Wald, der als Synonym für alles Wilde und Archaische gilt: Leben in geballter Ladung. Wegen ständiger Nässe durch intensive Niederschläge (oder durch direkte Wolkeneinwirkung) wird ein Großteil dieses Megabiotops Regenwald genannt.

Fast die Hälfte aller bekannten Fauna und Flora auf Erden befindet sich dort. 1,4 Millionen Pflanzen- und Tierarten hat man gezählt, zahllose mehr werden noch im tiefen Grün vermutet. „Ich komme von Sinnen, wenn die Wunder nicht bald aufhören", rief Alexander von Humboldt 1799 beim Studium der Urwälder am Orinoco aus und Charles Darwin bemerkte 1832 in Brasilien: „Selbst das Wort Entzücken ist mir ein schwacher Ausdruck für das Gefühl eines Naturforschers, der das erste Mal den Urwald betritt."

Wie aber hat sich jemand diesen urigen Wald vorzustellen, der ihn noch nie gesehen hat? Ein gängiges Bild zeigt ein ungeheuer verfilztes Pflanzengewirr, in dem menschliche Eindringlinge sich nur mit wütenden Machetenschlägen vorwärts bewegen können. Doch bei dieser Variante des tropischen Waldes handelt es sich um so genannten **sekundären Dschungel,** d. h. schon einmal abgeholzte Areale, auf denen sich anschließend zügelloser Wildwuchs bildete. Das war möglich, weil auf dem weitgehend vegetationslosen Gelände unbeschatteter Lichteinfall alle neu entstehenden Pflanzen ungehindert in die Höhe streben ließ. Resultat: Ein wildes Durcheinander, das in der Tat des Haumessers bedarf.

Primärer Dschungel gleicht dagegen fast einer Parklandschaft. Die riesigen Bäume, aus denen er überwiegend besteht und die als „typisch" für den Urwald gelten, hatten sich im Lauf der Evolution gegenüber niedrigeren Formen in Bodennähe durchsetzen können und dabei ist es hinfort geblieben: Der durch das dichte Blätterdach bewirkte Schatten vermittelt dem Waldboden nur noch Dämmerung, die ein Heranwachsen von Unterholz nicht mehr zulässt. Licht, dem es entgegenstreben könnte, ist ebenfalls kaum vorhanden. Nur auf den Zwischenetagen, die noch von einiger Sonneneinstrahlung erreicht werden, wickelt sich weiterhin ein zäher Kampf ums Überleben ab. Hier entstehen und vergehen komplette neue Biotope und jedes hat seine ganz eigene Fauna und Flora. Wer den Dschungel erforschen möchte, muss sich in die Höhe begeben; auf dem Boden ist außer ein paar Farnen, Moosen und Pilzen kaum etwas zu holen. Selbst Nährstoffe sind hier nur in geringen Mengen vertreten. Der Dschungel lebt vor allem vom Sonnenlicht (auch das durch die Wolken des „Regenwaldes" dringende), welches er über die Photosynthese in Energie spendenden Traubenzucker verwandelt. Holzt man den Wald ab, hinterlässt er unfruchtbare Böden, auf denen der Busch wuchert, aber Nutzpflanzen nur spärlich gedeihen. Und bis sich auf solchem Terrain wahrhaft „uriger" Dschungel mit allen seinen prallen Lebensformen wieder entwickelt, dauert es Hunderte von Jahren.

Gesunder Urwald weist bis zu fünf **Etagen** zwischen dem Blätterdach in bis zu 40 m Höhe und einem noch belebten Souterrain in etwa 10 m auf, das von den Kronen kleinerer Bäume gebildet wird, die es bis hierher geschafft haben. Vor allem in den mittleren Stockwerken ist eine große Zahl kleinerer Säugetiere zu Hause, viele von ihnen nachtaktiv, andere typische Tagtiere wie Affen. Eidechsen, Frösche und Schlangen bevölkern alle Etagen, die sich für sie als tragfähig erweisen, während das Obergeschoss in erster Linie das Reich der Vögel ist, darunter Arten von unglaublicher Farbenpracht. Der gesamte Bau vom Keller bis zur Dachkammer ist zudem die Heimat zahlloser Spezies von Insekten, namentlich von Ameisen, die meisten harmlos in ihrer Geschäftigkeit, einige höchst angriffslustig und ein paar sogar ausgesprochen gefährlich für andere Lebewesen einschließlich Menschen. Da sich aber fast die gesamte faunatische Aktivität auf diesen Zwischenetagen abspielt, ist die Wahrscheinlich-

keit, auf dem Boden primären Dschungels auf ge- ▲ *Intakter Urwald*
fährliches Getier zu stoßen, Schlangen zum Bei- *in Costa Rica*
spiel, für einen Waldläufer recht gering. Die Gefahren des Urwalds werden oft überzogen dargestellt.
Von einem erfahrenen Führer begleitet, wird man
eine Dschungeltour eher als sehr vergnüglich und
spannend empfinden.

Der Urwald, über den Humboldt und Darwin
sich so begeistert ausgelassen hatten, stand zum
Zeitpunkt ihrer Besuche am Ende von etwa einein-
halb Millionen Jahren Evolution, während deren er
sich ungehindert entwickeln konnte. Seither sind
nahezu achtzig Prozent der tropischen Dschungel
verschwunden, die einst fast den gesamten äquato-
rialen Gürtel bedeckten. Humboldt, dessen Buch
„Südamerikanische Reise" immer noch ein höchst
lesenswerter Abenteuerbericht ist (siehe Literaturtipps im Anhang), fielen bereits damals die ersten

massiven **Kahlschläge** durch europäische Siedler auf und nach 1850 ging das große Holzen erst richtig los. Allein für die Schwellen der Eisenbahnnetze in der Ersten Welt wurden die Wälder ganzer Kolonien flach gemacht. Dann folgte ständig neuer Siedlungsdruck mit **Brandrodungen** und, erst in der Neuzeit der letzten dreißig Jahre, die Entdeckung des Tropenholzes als prächtige Einkommensquelle per se: Man konnte ja auch Spanplatten und Kommoden daraus machen. Andere Kolonialherren als damals sind heute führend an der radikalen weltweiten Ausbeutung beteiligt: Japaner, Chinesen, Koreaner, Malaysier. In der vergangenen Dekade vernichtete dieses eifrige Quartett – und andere Geschäftemacher, auch deutsche – pro Jahr durchschnittlich 13,7 Millionen Hektar Wald, vor allem in den größten weiterhin existierenden Dschungelgebieten, nämlich dem Amazonas- und Kongobecken, Borneo und Neuguinea. Das entspricht etwa 32 Fußballfeldern – pro Minute …

Man könnte über diesen Zahlen verzweifeln – wenn es nicht zu einer Verlangsamung des Raubbaus in jüngster Zeit gekommen wäre. Das liegt jedoch am allerwenigsten an den Einsichten reumütiger Regierungen. Zum einen war die globale Wirtschaftsflaute der letzten Jahre an einem Rückgang der Nachfrage nach Tropenholz beteiligt. Zum anderen aber, viel wichtiger, hat eine neue Generation von Naturschützern weltweit glänzende Erfolge zu verzeichnen. Nicht (nur) von bequemen Erstwelt-

Naturschützer neuen Typs
Global ist erkannt worden, dass politische Sonntagsreden keinen Quadratmeter Wald bewahren und dass es auch keinen Zweck hat, sich an Bäume zu ketten. Heutige Naturschützer kaufen den Wald einfach auf oder erwerben wie die Holzkonzerne Konzessionen, um das Terrain dann unberührt zu lassen. Die aktivsten Organisationen (Conversation International und Nature Conservancy) sitzen in den USA; sie haben bei Drucklegung dieses Buches fast eine Milliarde Dollar in der Kasse und bewegen damit etwas. Andere Ökokämpfer kleineren Formats verkaufen Titel für Minitranchen von einem Hektar aufwärts und sind auch damit sehr erfolgreich. Nature sells!

büros aus wird heute für den Erhalt des tropischen Regenwaldes gefochten, sondern auch in der Dritten Welt sind ↗Naturschutzorganisationen neuen Typs entstanden, die den Großteil der Bevölkerung auf ihrer Seite wissen und ganz neue Methoden zum Einsatz bringen.

Maßgeblich an dieser Entwicklung ist vor allem, dass man vielerorts damit begonnen hat, die Holzkonzerne nicht mehr als Heil- und Segensbringer zu betrachten, sondern als Volksfeinde, die es mit der Peitsche außer Landes zu jagen gilt. Die übliche Berufung der Multis auf Schaffung von „Arbeitsplätzen" ist ohnehin Augenwischerei. Greenpeace stellte mit einem Paradebeispiel unter Beweis, dass es auch ganz anders geht. Auf den Salomonen östlich von Neuguinea rechneten die Naturschützer den zu 80 Prozent in ↗Subsistenzkultur lebenden Insulanern vor, was ihnen an Einkommen von ihrem Holz blieb, welches malaysische Konzerne ausbeuteten – nämlich etwa fünf Prozent.

Subsistenzkultur
Lebensweise auf täglicher Versorgungsbasis und aus eigenen Kräften. Es wird nur für den eigenen Bedarf produziert und kein Überschuss erzeugt, der vermarktet werden kann.

Heute bewirtschaften die Salomonier ihre Wälder nach penibel überwachten Auswahlkriterien selber, zumeist in kollektiver Handarbeit ohne schwere Maschinerie und mit dem Effekt, dass die Dschungel langfristig intakt bleiben. Die Erlöse dagegen haben sich um das 20- bis 40-fache gegenüber früher gesteigert und kommen direkt den Dorfgemeinschaften zugute.

Das von Greenpeace, BUND und Robin Wood weltweit angeschobene Projekt „Ecotimber" verdient deshalb auch das einzige verlässliche **Öko-Zertifikat** für tropisches Holz. Alle anderen „Ökosiegel" wurden von den Industrien selbst entwickelt und sind somit weder aussagefähig noch vertrauenswürdig.

DIE TROPISCHE NATUR

Die bedrückenden Zahlen über Dschungelrodung verdecken bisweilen den Blick darauf, dass Urwälder natürlich weiterhin existieren (Brasilien stellte unlängst 25 Millionen Hektar Amazonaswald unter speziellen Schutz – ein Areal von der Fläche Großbritanniens.) Das Wörtchen „noch", das in diesem Zusammenhang stets Anwendung findet, sollte man sich auch verkneifen, denn ein endgültiges Aus für den Wald muss es dank vieler engagierter Menschen nicht geben. Neben den oben genannten Großgebieten befinden sich ausgedehnte Areale vor allem in Südostasien und Mittelamerika. Eine vorbildliche Position nimmt **Costa Rica** ein, wo 14 Prozent der Gesamtfläche aus streng geschützten Dschungeln bestehen und eine etwa gleich große Fläche einen ähnlichen Status besitzt. Die Erhaltung dieser zum Teil privaten Waldgebiete wird mit Eintrittsgeldern bestritten, die „Ökotouristen", zumeist von einem obligatorischen Guide begleitet, für das Betreten der Nationalparks entrichten. Das Konzept funktioniert. Perfekt liegen die Dinge zwar auch in Costa Rica nicht, aber eine brauchbare Alternative wird hier vorgezeichnet, die das Land zu einer faszinierenden Destination für Naturfreaks macht.

Wer mehr zu diesem brandaktuellen Thema erfahren möchte, wende sich an eine der drei genannten Organisationen. Dort kann man auch erfahren, wie man in den Besitz seiner eigenen Dschungelparzelle gelangt – mit Abholzverbot bis in alle Ewigkeit.

▶ *Das 8. Gebot der Urwaldschützer …*

Klima, Wetter und die optimale Reisezeit

Kleine Tropenkunde

Nach der klimatischen Definition sind die Tropen nicht unbedingt die heißesten Zonen der Erde, sondern jene mit einer sehr ausgeglichenen, lediglich geringen saisonalen Schwankungen unterworfenen Jahrestemperatur. Deshalb handelt es sich auch nicht, einer weit verbreiteten Fehlauffassung entgegen, um Gebiete schwer verträglichen Klimas mit hohem gesundheitlichen Risiko für den Menschen, sondern, von regionalen Ausnahmen einmal abgesehen, um solche mit durchaus angenehmen Verhältnissen und nicht zu unterschätzendem Erholungswert.

Dennoch ist das Tropenklima nicht weltweit uniform, sondern hängt vom Einstrahlwinkel der Sonne und zahlreichen geografischen Gegebenheiten ab, die örtlich sogar zu so etwas wie „Jahreszeiten" führen. Zwar ist es immer warm, aber keineswegs scheint ständig die Sonne. So wabert die so genannte **Intertropische Konvergenzzone,** ein Vermischungsgebiet warmer und kühlerer Luft, ganzjährig um den Äquator und beeinflusst die gesamte Region mit Wolken, Blitz und Donner. Die **Monsune** des Indischen Ozeans lösen je nach Richtung extreme Regen- und Trockenzeiten aus. Desgleichen haben tropische Stürme weltweit, vornehmlich im insularen Bereich, enorme Niederschlagsmengen im Gefolge, von den physischen Schäden ganz zu schweigen, die im Zeichen eines Anstiegs der Meerestemperatur noch an Umfang gewinnen dürften. Und nicht zuletzt tragen globale Phänomene wie „El Niño" und „La Niña", warme und kalte pazifische Meeresströmungen, zu einschneidenden Umgestaltungen bei, die das Klima ganzer Erdteile verheerend verändern.

▲ Monsunwolken prägen vielerorts das Bild

Eine gute Nachricht gibt es allerdings: Der Tropengürtel scheint in weitaus geringerem Maß von der allgemeinen **Erderwärmung** betroffen zu sein als gemäßigte Breiten. Man muss also nicht fürchten, von heutigen 30 Grad in eines baldigen Tages schwer verdauliche 40 zu geraten.

Was ist nun angesichts dieser komplexen Situation die **„optimale Reisezeit"?** 99 Prozent aller Reisenden dürften auf der Suche nach Sonne auf Tropentour gehen und außerhalb der Regenzeiten das erwünschte schöne Wetter vorfinden. Die nachstehende Tabelle gibt einen groben Überblick über die Regenzeiten in wichtigen Reiseländern. Genaueres lässt sich Reiseführern für spezifische Regionen entnehmen. Detaillierte Informationen liefern ebenfalls das „Handbuch Reisemedizin" des CRM (siehe Literaturtipps) und das Internet. Auch im Reisebüro weiß man Bescheid – unbedingt Fragen zum Thema stellen, damit die Ferien nicht verregnen!

Regenzeiten

Afrika	J	F	M	A	M	Jn	Jl	A	S	O	N	D
Atlantikküste (Senegal)							•	•	•	•		
Kapverden								•	•	•		
Ostküste (Kenia)				•	•	•						

Indischer Ozean	J	F	M	A	M	Jn	Jl	A	S	O	N	D
Madagaskar (Norden)	•	•	•								•	•
Malediven						•	•	•	•	•		
Mauritius	•	•	•	•								
Seychellen	•	•	•								•	•
Sri Lanka					•	•	•	•	•			

Karibik	J	F	M	A	M	Jn	Jl	A	S	O	N	D
Costa Rica				•	•	•	•	•	•			
Kl. Antillen						•	•	•				
Venezuela						•	•	•	•	•		

Pazifischer Ozean	J	F	M	A	M	Jn	Jl	A	S	O	N	D
Indonesien (Bali)	•	•									•	•
Malaysia/Thailand/Vietnam												
Ostküste										•	•	•
Westküste					•	•	•	•	•	•		
Nordaustralien (Qld.)	•	•	•	•	•							•
Papua-Neuguinea												
Süden	•	•	•	•	•							•
Norden	•	•								•	•	•
Philippinen												
Ostküste	•	•									•	•
Westküste						•	•	•	•			
Tahiti	•	•	•	•							•	•

Südamerika	J	F	M	A	M	Jn	Jl	A	S	O	N	D
Amazonasbecken				•	•	•	•					
Tropische Pazifikküste						•	•	•	•	•	•	

Wettertipps

Selbst bei moderaten Temperaturen kommt unter dem Strich ganz schön Hitze zusammen. Das erfordert Gewöhnung. Die stellt sich bei gesunden Menschen verlässlich ein und das tägliche Leben normalisiert sich dann. Für Mitteleuropäer rechnet man mit <u>mindestens einer Woche</u>, bis eine Akklimatisierung stattgefunden hat. Wer lediglich einen Kurztrip in die Tropen macht, wird seinen dortigen Aufenthalt wenig genussreich finden.

- *Die „immer warmen Tropen" dürfen nicht darüber hinwegtäuschen, dass es bei Sturm, Regen und in höheren Berglagen empfindlich kühl werden kann. Man sollte daher stets einen **Pullover** im Gepäck haben.*
- *Gegen Regen hilft am besten ein - **Regenschirm**. Regenkleidung ist oft zu warm und unhandlich.*
- ***Sonneneinstrahlung:*** *Die gute Nachricht ist, dass die Problematik in den Tropen durchweg nicht ernster aussieht als in gemäßigten Zonen, wo der Zerfraß des Ozonschildes (z. B. Australien ...) zu gefährlichen UV-Pegeln geführt hat. Schutz ist vor allem für Kinder und sehr hellhäutige Menschen vonnöten. Sonnencremes sind nützlich, können aber durch Ausbleiben eines Sonnenbrands über ein Zuviel an Strahlung hinwegtäuschen und trotz reichlicher Anwendung nichts gegen die potenzielle Gefahr von Hautkrebs bewirken. Der beste (aus Australien stammende) Rat ist immer noch: „Between eleven and three, slip under a tree" - wenn die Sonne also am stärksten knallt, den Schatten aufsuchen. Hilfreich ist auch ein breitkrempiger Hut oder - keine falsche Scham, Männer! - ein Sonnenschirm. Auch ein weißes T-Shirt hat schon einen Schutzfaktor von ca. 6.*
- *Und noch eine gute Nachricht: Eine **Sonnencreme**, die durch UV-Strahlung verursachte Schäden des Erbguts in den Hautzellen mittels eines Botenstoffs namens Interleukin-12 sozusagen automatisch repariert, ist in Arbeit und wird bald zum Einsatz gelangen.*

- *Tropische Stürme* treten insbesondere im westlichen Pazifik (Philippinen ...), im mittleren Indischen Ozean und in der Karibik auf. September und Oktober gelten als gefährlichste Monate. Vor allem mit pazifischen Taifunen ist aber auch zu anderen Jahreszeiten zu rechnen. Die Durchzugsdauer mit extremen Windstärken und schweren Niederschlägen beträgt im Mittel drei Tage, während derer man volle Deckung (stabile Behausungen) aufsuchen und auch etwas Notproviant bereit halten sollte.

- 70 bis 100 Mal blitzt es pro Sekunde auf der Erde und mit durchschnittlich 36 Kiloampere Stromstärke zuckt es zu Boden. (Zum Vergleich: Eine Stromstärke von 9 Milliampere, also 9/1000 Ampere, wird vom Menschen bereits als „Schock" empfunden. Schon 60 Milliampere können tödlich wirken, alles über 2-3 Ampere ist es mit Bestimmtheit!) In den Tropen kommt es überall zu schwersten **Gewittern,** an erster Stelle in Zentralafrika. Wer in ein Donnerwetter gerät, sollte sich von Metallobjekten trennen und, möglichst in einer Erdmulde hockend, das Schlimmste über sich ergehen lassen. Die Füße zusammen halten! Die Spannung eines nahen Einschlags pflanzt sich noch in einem Radius von etwa 20 m durch die Erde fort, so dass man mit gespreizten Beinen in verschiedenen elektrischen Potenzialen steht. In einer metallenen Umhüllung (Auto, Schiff, Flugzeug bedingt) ist man am besten geschützt (Faraday-Käfig).
  Ein vom Blitz getroffener Mensch ist u. U. nur ohnmächtig und kann durch Mund-zu-Mund-Beatmung und/oder Anregung der Herztätigkeit (s. „Erste Hilfe") womöglich ohne Folgeschäden wiederbelebt werden.

- *Regen:* Anhäufungen fliegender Ameisen sind ein sicheres Zeichen für zu erwartenden Regen.

Wetter-Info im Internet siehe Anhang.

Kleine Tropenkunde

003r Abb.: rh

Unterwegs in
den Tropen

Unterwegs

Weshalb eine Tropenreise?

Seit „Nine-Eleven" (11. September 2001) ist das Risiko, dem eigenen Nachbarn im Amazonas-Dschungel oder auf den Riffen der Weihnachtsinsel zu begegnen, geringer geworden. Außerdem bieten sich in heimischen Gefilden immer mehr „tropische Badelandschaften" an, in denen alles echt künstlich ist und die Schwarze Mamba außen vor bleibt.

Freunde einer Art des Reisens, wie sie noch vor 30 oder 40 Jahren üblich war und damals jede Menge individuellen Erlebens beinhaltete, profitieren von diesen Veränderungen. Auch wer tiefe Eindrücke sucht, wird heute mehr auf seine Kosten kommen als zuvor, weil der typische „Tourist" sein erobertes Terrain zurückgegeben und wieder dem „Reisenden" überlassen hat, der unterwegs ist, um seinen Horizont zu erweitern, fremde Menschen kennen zu lernen und die Natur zu genießen und

▼ *Wieder reisen wie „früher"*

nicht nur, um sich zu amüsieren. (Die Tropen sind überhaupt eher etwas für Abenteuer suchende, individuell agierende und eigenverantwortlich handelnde Typen als für Pauschaltouristen.)

Alles in allem gute Gründe, die Tropen zu bereisen. Die Hauptrolle spielt jedoch, zumeist unterschwellig, ein ganz anderer. Die tropische Welt mit ihren archaischen Daseinsformen, ihrer enormen Vielgestaltigkeit und sinnlichen Lebensfreude bietet Fluchtmöglichkeiten aus dem industrialisierten Alltag zu Hause. Manchen Europäer riss es hin, und er blieb für immer in tropischen Regionen hängen – die Gefahr besteht, sie ist real.

Unterwegs

Reisevorbereitungen

Allgemeines

Am reizvollsten ist es zweifellos, ein paar Klamotten in den Rucksack zu werfen und von einer Stunde auf die andere spontan loszuziehen. Diese Reiseart ist leider nicht jedem gegeben. Auch stehen ein paar Hindernisse im Weg. Manche – keineswegs alle – Tropenländer möchten ein **Visum** sehen. Generell gilt: Der **Reisepass** muss noch mindestens sechs Monate Gültigkeit aufweisen. Visa-Informationen erhält man am leichtesten bei den jeweiligen Botschaften oder in Reisebüros. Dort (oder übers Internet) lässt sich gleich der Flugschein besorgen, wobei zu bedenken ist, dass die meisten Einreiseländer ein Retourticket sehen wollen. Das ist paradoxerweise aber oft billiger als das Oneway-Ticket, so dass man den Rückflug bei anderer Reiseplanung einfach verfallen lassen kann. Womöglich muss man sich um **Schutzimpfungen** und Malaria-Prophylaxe kümmern. Mehr dazu im Kapitel Gesundheitspflege.

Literaturtipp
„Fernreisen auf eigene Faust"
von Hans Strobach, Reise Know-How Verlag, Bielefeld

Generelle Reiseauskünfte gibt's im Internet (s. Anhang). Wer sich das ganze Internet-Angebot zu diesem Komplex aufblättern lassen möchte, muss allerdings mit etwa 500.000 Seiten rechnen – zum Reisen ist dann keine Zeit mehr.

Kleidung

Was die mitgeführte Reiseausrüstung angeht, so beherzige man: Weniger ist mehr. Nicht nur, dass Wäsche gewaschen werden kann, Textilien sind überdies in allen Tropenländern zu niedrigen Preisen käuflich.

Man sollte nur sicher gehen, zu keiner Zeit mit verdreckter Kleidung in Erscheinung zu treten, was von vielen Tropenbewohnern als herabsetzend empfunden wird. In Büros und **auf Ämtern** ist zudem selbst in ansonsten sehr toleranten Ländern dürftige Kleidung (Shorts, T-Shirt, Badeschlappen ...) verpönt bis offiziell verboten. Wer dort ein Anliegen hat, muss sich notfalls ordentliche Klamotten leihen, sonst wird er nicht vorgelassen.

Generell hat man in Tropenländern aber das größte Verständnis dafür, dass der Ausländer leicht in Schweiß gerät und sieht ihm (ihr weniger) ein knappes Outfit lächelnd nach. Nur in streng **muslimischen Gesellschaften** hat man sich unbedingt an den gültigen Kleidungskodex zu halten, der mehr oder minder züchtige Bedeckung verlangt, sonst steht schwerer Ärger ins Haus.

Visum-Agenturen

Für die Dauer eines Normalurlaubs von 3-4 Wochen ist (für EU-Bürger und Schweizer) in den meisten Ländern kein Visum erforderlich. Schwieriger wird es in der Regel, wenn der Aufenthalt diese Dauer übersteigt. Mit solchen Detailkenntnissen sind Reisebüros überfragt, ja selbst die Visa ausstellenden Konsular-Abteilungen der Botschaften wissen oft nicht Bescheid, weil sich die Bestimmungen häufig ändern. In solchen Situationen wendet man sich am Besten an eine Visum-Agentur. In Berlin sind mehrere vertreten; man findet sie in den Gelben Seiten oder im Internet, aber auch die Reisebüros haben Adressen auf Lager. Der Dienst kostet natürlich etwas, doch pünktliche Erledigung (außerhalb von Wochenenden und Feiertagen) ist garantiert (s. Internet-Adressen im Anhang).

Immer wieder erinnert einschlägige Literatur auch an „gutes Schuhwerk", nie an gute Füße. Viele Tropenmenschen laufen ständig barfuß. Gar nicht mal, weil sie sich keine Schuhe leisten könnten (wie man hier zu Lande stets mutmaßt), sondern weil ihnen barfuß gehen als sehr angenehm und gesund gilt, was die Schuhindustrie arg verdrießt. (Der Diktator Salazar führte vor dem 2. Weltkrieg sogar in Portugal eine Zwangsbeschuhung ein, weil ihm die Barfußgänger rückständig vorkamen.) Geradezu lächerlich wirkt es, unter lauter Bar- und Schnellfüßigen dann Touristen mit schweren Alpenschuhen einherstapfen zu sehen. Fast überall reichen leichte Sportschuhe. Stiefel, spezielle „jungle boots" gar, empfehlen sich dagegen in ihnen angemessenem Terrain: der tropischen Wildnis mit diversen Gefahren von Schlangen bis zum Hakenwurm. Man achte jedoch darauf, ob die Mitnahme von solch schwerem Gerät wirklich gerechtfertigt ist, d. h., ob es sich beim Reiseziel auch um wahre Wildnis und nicht um einen zahmen Ferienclub handelt.

Bei den Schuhen wähle man eine geringe Übergröße (+ 1), weil die Füße in den Tropen etwas anschwellen. Dicke Socken sind besser als dünne, weil sie den Schweiß aufsaugen. Zwei Paar sollte man mindestens dabei haben.

Auch ein Paar Badelatschen darf nicht im Gepäck fehlen, um in manchen Situationen Luft an den Füßen und trotzdem Sohlen darunter zu haben, an einem steinigen

▼ *Ein Waldläufer braucht keine Schuhe!*

015r Abb.:rh

Strand oder einem mit schwarzem, glühend heißem vulkanischen Sand zum Beispiel. Außerdem ist man mit Schlappen dort besser bedient, wo viele Menschen barfuß laufen, z. B. in Schwimmbädern – Fußpilz droht! (Übrigens: Wer schon einmal an diesem Problem gelitten hat, ist lebenslang dagegen immun.)

Fliegen

Mit Glamour in den Lüften ist es endgültig vorbei. Schon die Bodenphase beginnt freudlos. Wer „den Anordnungen des Personals keine Folge leistet", gelangt gar nicht erst in den Flieger. Scherzchen („Hi, Jack!") werden bitter ernst genommen und führen zu Verhaftung – günstigstenfalls. Das mag alles hysterisch erscheinen, aber dafür gibt es einen guten Grund: Die aktiv Involvierten möchten am Leben bleiben.

Was einem an Bord an Mahlzeiten geboten wird, hat nie fünf Sterne und sollte einem auch ziemlich egal sein. Hauptsache ist, man gelangt sicher von A nach B. Etwas anderes ist die Getränkefrage. Das Dargebotene reicht zum Wohlbefinden in der staubtrockenen Kabinenluft nicht aus, weshalb das Mitführen von mindestens einer großen Extraflasche (stillen) Wassers zu empfehlen ist.

Literaturtipp
„Clever buchen, besser fliegen" von Erich Witschi, Reise Know-How Verlag, Bielefeld

Wer seine Flugangst mit **Alkohol** betäuben möchte, bedenke, dass der Stoff in der Luft doppelt so stark wie am Boden wirkt. Nicht nur kann Randale im Suff zu Notlandungen führen – das wird teuer und vielleicht gibt's sogar vom Skymarshal was auf die Nase. Weitaus Schlimmeres steht ins Haus, wenn tatsächlich einmal ein

Mittel gegen Flugthrombose
Nach japanischen Erkenntnissen ist die Einnahme von einem Glas verdünntem Zitronensaft (Mischung 50 : 50) vor dem Start und alle fünf Stunden danach hilfreich.

Notfall eintritt, der kühles Handeln erfordert. Alkoholisierte Passagiere sehen dann alt aus.

Realitätsnäher, besonders für betagte Menschen auf Fernflügen, ist das Risiko einer **Venenthrombose** – bewirkt durch stundenlanges Kauern in engen Sitzreihen – mit der Gefahr einer Ausweitung auf eine Lungenembolie. Konsequente Beingymnastik ist nützlich, periodisches Hin- und Hergehen hilft. Eine diesbezügliche Klage auf Schadenersatz wurde von einem deutschen Gericht übrigens mit der Begründung abgewiesen, durch technische Erfindungen sei die Umwelt eh „in höchstem Grade gefährlich geworden". Ein wahres Wort! Und es gilt in weitaus höherem Maß für das Gerät, welches in manchen Tropenländern auf **Inlandsflügen** zum Einsatz gelangt. Die meisten Airlines haben zwar Top-Standard, aber nicht alle. Zu den riskantesten Fluglinien in den Tropen zählen einige in Mittelamerika und Zentralafrika. Statt sich einem klapprigen Uraltmodell anzuvertrauen, sollte man sich dort lieber in den Bus setzen.

Filme kaufen
Man sollte Filme grundsätzlich in Deutschland kaufen, denn nirgendwo sind sie billiger. In Drittweltläden sind sie zudem selten sachgemäß gelagert.

Unterwegs

Literaturtipp
„Fliegen ohne Angst" von Frank Littek, Reise Know-How Verlag, Bielefeld

---

Vorsicht, Kamera!
Seit dem 11.9.01 wird auch das Gepäck schärfer durchleuchtet als zuvor. Der amerikanische CTX-Scanner verpasst den aufgegebenen Koffern die bis zu 300fache Strahlung der konventionellen Geräte. Filme (auch bereits belichtete) werden dadurch ramponiert. Sie gehören deshalb ins Handgepäck, das mit weitaus geringerer Intensität geröntgt wird.
Digitale Ausrüstungen ficht die Strahlung nicht an. Generell sollten Kameras beim Check-in keinen Film enthalten, weil sie evtl. zur Prüfung geöffnet werden.

Andere Verkehrssysteme

Ein Land wie Indien mit seiner Milliarde Menschen hat ein Straßennetz von fast 2 Millionen Kilometer Länge, drei Mal so viel wie die Bundesrepublik. Das ist auch nötig, denn wenn jeder Inder erst einmal sein eigenes Auto besitzt, ist die Blechschlange, „bumper to bumper", etwa doppelt so lang wie die Straßen jetzt sind. Dann läuft auch dort nichts mehr.

„Schlechte Straßen, gute Menschen", sagen die Mexikaner, eine Weisheit, die für die gesamte Dritte Welt gültig ist (und wohl nicht nur dort). Beim Besuch tropischer Großstädte geht dem Reisenden erst richtig auf, mehr noch als daheim, was für ungeheuerliche Zerstörungen durch das Automobil und seine assoziierten Strukturen (wie Straßen, Parkplätze, Tankstellen ...) angerichtet worden sind.

Andererseits lässt sich in Ländern, die von dieser Entwicklung aus rein geografischen Gründen verschont blieben, insbesondere in archipelagischen Staaten, im Wortsinn tief Luft holen. Von der Stelle kommt man überall, irgendwie: per Klapperbus, per Uralt-Eisenbahn, per Boot, per Rad per pedes. Man muss nur das haben, was fast jeder Drittweltler im Überfluss besitzt: Zeit.

Wer per **eigenem Auto** oder **Leihwagen** auf schnelle Tour gehen will, muss mit einigen tropenspezifischen Eigenheiten fertig werden. Zum einen mit dem Fahrstil der Drittwelt-Chauffeure, der sich weniger an Verkehrsregeln als an Geschicklichkeit orientiert. Zum anderen oft mit den schlechten Straßen der

▲ Bei der Straße müssen die Menschen wohl besonders gut sein ...

guten Menschen. So eine Tour endet nicht selten auf dem Autodach. In Namibia gibt die deutsche Botschaft sogar spezielle Warnungen für Bundestouristen heraus, die auf den Geröllpisten immer wieder zu (nicht selten tödlichem) Schaden kommen.

Auch ist die Mentalität vieler Tropenbewohner noch längst nicht so weit mechanisiert, dass der durch ein Auto verursachte Tod eines Menschen mit einer simplen Schuldzuweisung hingenommen würde: Das Opfer sei ja vor den Wagen gelaufen. Der Autofahrer ist stets der Verursacher und die Betroffenen sind das Gericht. Mit Freisprüchen ist da nicht zu rechnen ...

Hilfreich ist extrem defensives Fahren, indem man „dem anderen" stets das Schlimmste zutraut und auch schon mal die Vorfahrt abgibt. Man plane Großtouren sehr genau in Bezug auf Treibstoffvorrat, Wasser- und andere Erfordernisse und Pannen, denn in den meisten Tropenländern stehen die Tankstellen nicht dicht an dicht. Auf langen Strecken sollte man genügend von Motoren verstehem Notreparaturen vornehmen zu können. Je unkomplizierter ein Antrieb ist, desto bessere Chancen hat man im Notfall. Ein mit Elektronik vollgestopfter Wagen lässt jeden Nichtfachmann wie den Ochs vorm Berge dastehen.

017/r Abb.: rh

Unterwegs

Busreisen

Die meisten Drittweltbusse halten dort, wo ein Fahrgast steht.
Auf freier Strecke ist dessen Aussicht auf einen Platz jedoch gering, weil die Busse bis an die Halskrause beladen werden. Zusteigen sollte man deshalb immer in einem Terminal.

Auto mit Fahrer mieten

In Ländern mit niedrigem Preisniveau kann man viele Nachteile umgehen, indem man sich einen Wagen mit Fahrer mietet. Allerdings ist der weiße Passagier oft weiterhin schuld, wenn etwas passiert; er ist halt der Finanzkräftigere. So wird man sich vielleicht doch für ein öffentliches Verkehrsmittel entscheiden - und eine Menge Geld sparen.

Kulturschock

Unter Kulturschock versteht man die Auswirkungen des Zusammenpralls der eigenen Kultur mit einer fremden. Der Kulturschock resultiert, mit anderen Worten, aus dem Ansturm des Neu- und Andersartigen auf das Individuum und definiert dessen Unfähigkeit, diese vielfältigen Eindrücke schadlos zu verarbeiten. Zum Kulturschock kommt es ebenfalls, wenn vorgefasste Vorstellungen mit einer Wirklichkeit kollidieren, die mit den imaginären Klischees nichts gemein hat. Schon von diesen Auslegungen her trifft der Kulturschock umso härter, je mehr sich die Verhältnisse am Reiseziel von den gewohnten eigenen unterscheiden. Er ist mithin bei der Ankunft in einem Tropenland ganz besonders ausgeprägt.

Entstehung

Das Problem kann mit scheinbaren Geringfügigkeiten beginnen, steigert sich aber mit schmerzhafter Schnelle zu einem finalen Donnerschlag. In einem tropischen Land wird es schon in dem Moment ausgelöst, in dem man aus dem Flugzeug steigt und einem eine 35 Grad heiße Welle feuchtschwüler Großstadtluft entgegenbrandet, die einen nach Atem ringen lässt und den Resonanzboden für den anschließenden Schock schon mal gut vorbereitet. Und der dicke Hammer folgt unausweichlich. Beim mühsamen Freihauen durch das zähe Gestrüpp der beamteten Kontrollen werden die ersten Fetzen ins Nervenkostüm gerissen. Das auf den Reisenden eindringende Gewirr unverständlicher Sprachlaute, die sich weiter steigernde Hitze, der chaotische Straßenverkehr, der abgefeimte Taxifahrer – das alles kommt hinzu und ist erst der Anfang. Manche haben schon am Airport geschlaucht kehrt gemacht und sind heim- oder woandershin geflogen.

018r Abb.: rh

◀ *Macht vor nichts und niemandem Halt - Coca Cola*

Unterwegs

Betroffene

Um mit diesem Komplex fertig zu werden, sollte man alle Reserven an Verständnis, Toleranz und Anpassung mobilisieren – das bringt's. Vor allem aber auch Humor. Wer über die komischen Situationen lachen kann, in die er da gerät, der hat den Schock schon fast bewältigt und findet die Sache anschließend nur noch lustig.

Geschockt ist aber nicht nur grundsätzlich der Reisende, sondern oft sind es auch die Bereisten. Denn der Fremde, der mit dem einheimischen Brauchtum unvertraut ist oder noch nicht so recht mit ihm fertig wird, kann schon mal den bewussten Zusammenprall der Kulturen auslösen und dann steht alles peinlich berührt da. Der Beispiele wären unendlich viele: Vom Schütteln der falschen Hand (die linke ist für Muslime schmutzig) bis zum fehlpräsentierten Gastgeschenk (Blumen in China; damit werden nur Tote geehrt) reicht die Palette der Fettnäpfchen, in die man treten kann. Ein paar weitere Stichworte zu potenziellen Schockauslösern und Verstimmungsbereitern:

- **Aberglaube:** Die Mehrzahl der Tropenbewohner ist zutiefst abergläubisch. Es hat keinen Zweck, diesem Thema nach dem Motto „wird schon was dran sein" wohlwollend gegenüber zu stehen. Das meiste ist nämlich furchtbar dummes Zeug und im Notfall („Sand essen oder dreimal ums Haus laufen bei Schlangenbiss ...") sogar brandgefährlich. Man darf den lieben Abergläubischen nur nicht sagen, was man davon hält, sonst gilt man selber als Ignoramus und Spielverderber.

- **Gastfreundschaft:** Den meisten Völkern der Dritten Welt sind Gäste, auch völlig fremde, herzlich willkommen. Ganz vorne steht dabei wohl das Inselvolk der Filipinos. Es lässt sich aber beobachten, dass der Erwerb von Geld und Gut zu Verhärtung führt: Wer „reich" ist, verschließt einem unbekannten Besucher seine Tür. Extreme Armut diktiert andererseits das gleiche Tun. Die unbegüterten Naturvölker sind zumeist wenig hospitabel. Sie leben von der Hand in den Mund – den eigenen, da ist für andere Mäuler kein Platz. Der Reisende darf also nicht voraussetzen, dort Aufnahme und Nahrungsmittel zu finden. Im Gegenteil, man erwartet von ihm sogar entsprechende Mitbringsel. Eine Expedition in Stammesgefilde sollte mithin immer gut ausgerüstet sein.

- **Rassismus** ist weder eine deutsche oder überhaupt europäische Eigenheit noch Erfindung. Zwischen den Völkern der Dritten Welt existieren himmelhohe Rassenschranken. Wenn von globaler Solidarität die Rede ist, handelt es sich in der Regel lediglich um Lippenbekenntnisse – gegen Weiße. Selbige sind von rassistischer Diskriminierung keineswegs verschont. Im nigerianischen Alltagsvokabular heißen sie „Aiyo" – „weiße Schweine", ein Beispiel von vielen, offenbar ganz normal. Rassenschranken werden nur durch gegenseitigen Respekt abgebaut. „Farbenblinde"

Menschen sehen über die ganze Thematik hinweg, nehmen sie nicht einmal wahr – man sollte zumindest auf Reisen ebenfalls farbenblind sein.

- **Religiosität:** Gottesglaube, egal an welchen, wird in der Dritten Welt weitaus aktiver ausgelebt als sonst irgendwo. Erstweltler, die hier mit lockeren Vorstellungen und Sprüchen (insbesondere zum Thema Mann-Frau-Beziehung) ihren Senf hinzugeben möchten, erregen schwere Ärgernisse. Man sagt es ihnen vielleicht nicht – Drittweltler sind insofern sehr taktvoll –, aber man wird ihnen verachtungsvoll die kalte Schulter zeigen.

- **Tabuthemen:** Viele Drittweltler erwarten geradezu, dass der Gast aus der Ersten Welt ihnen etwas erzählt, ja, sie richtiggehend unterhält. Nicht nur sollte man dann, wie erwähnt, religiöse Bezüge vermeiden, sondern sich auf Reiseschilderungen beschränken. Auch Themen wie allein erziehende Frauen, „wilde" und Homoehe, Hausmänner, FKK und dergleichen, die uns normal erscheinen, würden eher Entsetzen als Interesse auslösen. Dass es Geld gibt, obwohl man nicht arbeitet, dass es Teenager gibt, die nichts essen, dass Menschen auf Seminaren Lieben, Gehen, Schlafen und Atmen beigebracht wird, weil sie es verlernt haben – alles so etwas sollte man ebenfalls unerwähnt lassen, weil man solche Geschichten für groteskenhafte Aufschneiderei halten und der Erzähler sich damit unbeliebt machen würde.

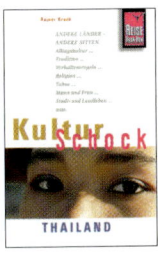

- **Zeitverständnis:** In den Tropen wird die Zeit nicht nach Sekunden bemessen; vielerorts wird sie gar nicht bemessen. Von dieser Haltung kann man sich einiges zu Eigen machen, statt sich darüber zu ärgern. Welche Freiheit verheißt ein Leben ohne Uhr! Manche Völker (die Vietnamesen z. B.) finden es sogar höchst amüsant, wenn sich Europäer über Verspätungen ärgern und dann mit der Fassung auch noch das Gesicht verlieren.

Literaturtipp
Buchreihe
„KulturSchock",
Reise Know-How
Verlag, Bielefeld.
Fremde Kulturen
verstehen und sich
richtig verhalten.
(Titel s. S. 151)

● **Zuvorkommenheit:** Für Tropenmenschen gehört es sich, eine Frage so zu beantworten, dass der Auskunftssuchende zufrieden gestellt wird. Ob die Antwort auch richtig ist, spielt dann gar keine Rolle mehr. (Südamerikanische Indios gingen sogar so weit, Ethnologen „echt alte" Kamelfiguren zu schenken, damit die Forscher sich der Bestätigung ihrer Hypothese erfreuen konnten, Südamerika wäre von Ägypten aus besiedelt worden.) Reisende sollten Suggestivfragen vermeiden und sich so zu erkundigen verstehen, dass Fragen alternativ beantwortet werden müssen.

Kommunikation von unterwegs

Literaturtipp
„Kommunikation von unterwegs"
Volker Heinrich,
Reise Know-How
Verlag, Bielefeld.
Kontakt halten auf
Reisen per Handy,
E-Mail, PDA,
Laptop ...

Die Schwierigkeiten, die frühere Generationen plagten, werden immer weniger. Mitten im Busch gibt es heute moderne Telefonanlagen (auch für Handys) und Internet-Cafés findet man in den unwahrscheinlichsten Lokalitäten. Am besten ist man bedient, wenn man sich in der Heimat eine Internet-Anlaufstelle einrichtet, denn Telefonieren kostet trotz (oder wegen) neuzeitlichster Technik viel Geld, besonders in Hotels, die gern schon mal das Doppelte berechnen. Empfehlenswert ist die Einrichtung einer E-Mail-Verbindung mit dem Hausarzt – nur für den Ernstfall, sollte man klarstellen.

Frauen unterwegs

Allein der Umstand, dass dieses Kapitel keinen Abschnitt „Männer unterwegs" aufweist, signalisiert, dass Frauen auf Reisen einen Sonderstatus innehaben. Allerdings keinen sehr beschwerlichen. Man hört nur selten einmal, dass Frauen in tropischen Ländern belästigt werden, dass ihnen gar Ärgeres widerfährt. Das liegt zum einen daran, dass Europäerinnen kaum dem Idealbild entsprechen, welches Drittwelt-Machos gemeinhin von „ihren" Frauen haben und dass es folglich zu keiner Anmache kommt. Zum anderen wirkt europäische Freizügigkeit auf den Tropenmann nur oberflächlich anziehend. In Wahrheit fühlt er sich davon abgestoßen; trotz gockeligen Gehabes, um dem Weibchen zu imponieren, möchte er mit der Dame lieber nichts zu tun haben. Ausgestellte Freizügigkeit kann jedoch auch extreme Reaktionen provozieren.

Über diese Aspekte hinaus gestaltet sich das Leben der Frau in den Tropen nicht viel anders als hier. Was sie für ihren hygienischen und kosmetischen Bedarf benötigt, wird sie überall vorfinden, selbst in den allerärmsten Ländern (wenn auch dort nur in den Großstädten). Lediglich Tampons gibt es nicht überall. Neue Kleidung, Schuhe, Modeartikel? Kein Problem! In allen Staaten der Erde haben Frauen derartige Bedürfnisse und das Angebot ist oftmals viel preiswerter als daheim. Eine wichtige Kleinigkeit gilt es allerdings zu beachten: Frauen, die die Pille nehmen, müssen sich in anderen Zeitzonen an den gewohnten Zyklus halten – sonst kann es zum „Anbrenner" kommen. So genannte Mikropillen mit dem Wirkstoff Gestagen verlangen die präzise Einhaltung der heimischen Einnahmezeit (maximale Abweichung: +/- 3 Std.), auch wenn die Ortszeit um mehrere Stunden verlagert ist und der Vorgang mitten in der Nacht stattzufinden hat. Pillen mit zusätzlichem Östrogen lassen eine größere Bandbreite (bis zu 12 Std.) zu. Genaueres wissen Arzt und Apotheker.

Literaturtipp

„Als Frau allein unterwegs" von Birgit Adam, Reise Know-How Verlag, Bielefeld

▼ *Lockeres Leben – mit Bedacht fast überall möglich*

019r: Abb.: rh

Auslandsvertretungen

Wenn der Reisende in Schwierigkeiten gerät, wird er seine Auslandsvertretung um Hilfe bitten. Dafür ist sie da, nämlich laut Gesetz, „einem deutschen Staatsbürger Hilfe in Notfällen zu gewähren, wenn" - jetzt kommt's - „die Notlage auf andere Weise nicht behoben werden kann". Der Bürger, heißt es in den offiziellen Broschüren, muss seine eigenen Möglichkeiten ausschöpfen, ehe der Staat helfend eingreift.
Erhobener Zeigefinger: „Denken Sie daran - Ihre Abenteuerlust ist nicht die Sache des Steuerzahlers!"

Deshalb erfährt man weiterhin, was diese Ämter nicht können, nämlich so ziemlich alles außer der Ausstellung eines Ersatzpasses, und selbst das nur als Provisorium, und gegebenenfalls der Zuweisung eines sprachkundigen Rechtsbeistands.
Hotelrechnungen, Urlaubsverlängerungen, Schulden, Geldstrafen, Anwaltskosten, Kautionen, die Weiterreise im Ausland, Suche und Nachforschung nach vermissten Personen, Forderungen bei Entführungen - kurz, so ziemlich alles, was Geld kostet, ist nicht im Angebot.

Im Gegenteil, jeder Sonderdienst der Beamtenschaft wird sogar separat in Rechnung gestellt, zahlbar in der Heimat. Was auch ganz vernünftig ist, weil ansonsten erbärmlich Schindluder getrieben würde.
Die deutschen Vertretungen können so manch trauriges Lied davon singen - da rührt sich fast schon Mitgefühl.

Bei Abwesenheit einer deutschen Botschaft kann man sich an eine andere EU-Vertretung wenden.
„Da werden Sie geholfen!" - sogar auf der Basis einer gesetzlichen Verpflichtung. Auch die Schweizer sind in Notfällen zu Hilfeleistungen bereit.

Kinder in den Tropen

Das Tropenklima wird von Kindern, beim Säugling beginnend, generell gut vertragen und auch die Umstellung auf andere Nahrung, sofern diese biologisch einwandfrei ist (siehe nächstes Kap. „Ernährung"), stellt für gesundes Jungvolk kein Problem dar. Dennoch sind Kinder, vor allem kleine, natürlich anfälliger für Gesundheitsstörungen als Erwachsene, und eine in Gang geratene Krankheit ist schon deshalb gefährlicher für sie, weil sie ihre Beschwerden ja nicht oder nur unzulänglich beschreiben können.

Man denke immer daran, dass die Gefährdung durch extreme **Sonneneinstrahlung** minimiert werden muss, denn ein Zuviel davon kann den Keim für

Hautkrebs in späteren Jahren legen. Da die Haut von Kindern weitaus empfindlicher als die von Erwachsenen ist, haben die Eltern insofern ganz besondere Sorge zu tragen. (Schatten ist wichtiger als alle möglichen Mittelchen.) Die Eltern sollten auch einen Blick darauf haben, dass ihre Kinder regelmäßig und ausreichend trinken. Kinder „vergessen" das gerne.

Ein Moskitoschutz (Netz) ist ebenfalls außerordentlich wichtig. Außerdem sollte man den lieben Kleinen nicht alle jene **Strapazen** zumuten, die Eltern gern in ihren Urlaub hineinpacken, um auch wirklich nichts zu versäumen; Bewegung „bis zum Umfallen" ist jedoch alles andere als schädlich. (Gerne mal die Zwerge bei fremden Müttern in Obhut geben, um ohne Kind auf eine Tour gehen zu können. Wie bereitwillig Kinder auf ein ausländisches Gesicht ansprechen, kann man in einem chinesischen Restaurant testen: Die dortigen Kellnerinnen bringen den quakigsten Quengler alsbald zum Lächeln.) Empfehlenswert ist ebenfalls, die Kinder mit einheimischen Gleichaltrigen spielen zu lassen, die sich viel besser auf lebendige Beschäftigung miteinander verstehen, als mit toten technischen Hilfsmitteln ihre Zeit zu verbringen. Außerdem lernt das Kleinvolk dieserart rasch eine neue Sprache.

Literaturtipp

Gute Dienste leistet Eltern die Fachbroschüre „Gesund mit Kindern unterwegs", die in allen Apotheken erhältlich ist und auf 30 Seiten alle Aspekte von Reisen mit Kinderbegleitung beleuchtet. Die gleichen Informationen lassen sich auch aus dem Internet abrufen: www.gesund-mit-kindern-unterwegs.de

Letztlich ist zu bedenken, dass auch Kinder in einer fremden Umgebung einen kleinen Kulturschock erleiden, auf den sie behutsam vorbereitet werden müssen. Die Darstellung alles Neuen und Andersartigen als spannendes oder gar lustiges Abenteuer dürfte da wohl am hilfreichsten sein – welches Kind wäre für so etwas nicht höchst aufnahmebereit?

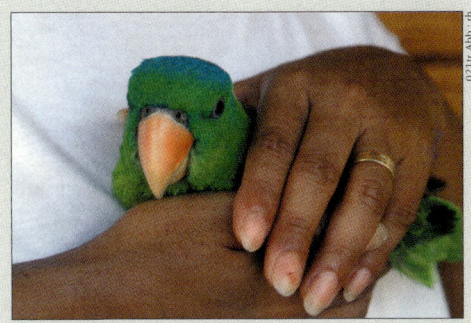

02 1tr Abb.: rh

Unterwegs

Exoten verboten!

Jedes Jahr werden am Frankfurter Flughafen Tausende
von Passagieren mit illegalen Mitbringseln erwischt,
deren Besitz und Einfuhr gegen das Washingtoner
Artenschutzabkommen verstößt. Im Ausland verhökern
Händler ohne Skrupel und mit der Beteuerung, dass
alles seine Richtigkeit hätte, „Souvenirs" wie ausgestopf-
te (und lebende) Vögel, Raubkatzenfelle, Holz- und
Elfenbeinschnitzereien, Krokodilhäute, Korallenbrocken,
Orchideen und vieles andere mehr an Touristen, die
sich von der weltweiten Problematik des Artensterbens
offenbar nicht persönlich angesprochen fühlen:
„Es ist doch nur ein Reiseandenken".
Ein ziemlich teures allerdings. Nicht nur beschlagnahmt
der Zoll das fragliche Objekt. Es wird auch eine saftige
Geldbuße fällig, deren Höhe womöglich ein Mehrfaches
des Reisebudgets beträgt, eventuell auch eine Anzeige,
denn Artenschmuggel ist eine Straftat und kein Kava-
liersdelikt. Das genannte Abkommen stellt etwa 8000
Tier- und 40.000 Pflanzenarten unter strengen Schutz
(bewirkt nach Ansicht von Fachleuten aber trotzdem
nicht viel). Wer Fragen zu diesem Komplex hat, erhält
Auskünfte vom Bundesamt für Naturschutz in Bonn,
Tel. (02 28) 9 54 30 oder bei www.prowildlife.de

004tr Abb.: rh

Begegnungen mit Tropenbewohnern

Begegnungen

Schwarz und Weiß

Die **Tropenbewohner** machen fast die Hälfte der Erdbevölkerung aus und sie sind allesamt „farbig". (Ein unglückliches Wort – als wenn „weiß" denn keine Farbe wäre). Die dunkleren Hautfarben sind genetisch verankert, denn sie entstanden schon vor Urzeiten als Schutzmechanismus gegen Verbrennungen und gegen ein schädliches Übermaß des Vitamins D, das durch die Sonneneinstrahlung im menschlichen Organismus produziert wird und die Knochenbildung fördert. Auch die hellhäutigeren Völker waren einst schwarz, bevor sie sich auf den Weg in sonnenärmere Gefilde machten. Dort bildete sich immer weniger Melanin-Farbstoff in ihren Körpern, damit mehr Licht eingelassen und das bewusste Vitamin erzeugt werden konnte. Das war ein Vorgang, der viele tausend Jahre brauchte.

Gesichtsverlust
Entsteht unter Einheimischen (besonders in Asien) durch einen peinlichen Akt der Beschämung. Wird er durch einen Ausländer in Gang gebracht, kann dieser unter Umständen das Ziel einer blutigen Rache werden. Man sorge in Wort und Tat dafür, dass über einen anderen Menschen nicht gelacht wird – denn das ist ein Hauptauslöser.

Nicht nur insofern sind die Tropenbewohner „anders" als wir. Dass eurozentrische Borniertheit über Jahrhunderte hinweg dazu beitrug, diese Andersartigkeit aus einer vorgefassten Vorstellung heraus als minderwertig zu betrachten, dass man die Menschen der tropischen Welt aus purem Unverständnis als retardierte Dummköpfe oder bedrohliche Wilde empfand, ist ein historischer Fakt. Leider hängt manch einer noch heute diesem Irrglauben an.

Der immer wieder begangene Fehler ist, andere Menschen nach den eigenen Maßstäben zu beurteilen und dabei materielle Errungenschaften zu Grunde zu legen. Dabei muss das Gegenüber mit dem kleineren Auto (oder, was eher der Fall sein wird, überhaupt keinem) zwangsläufig als Verlierer dastehen. Viel mehr Gewinn bringt jedoch ein Bemühen, aus dem üppigen Kulturgut und Erfahrungsschatz anderer Völker Nützliches für den eigenen Bedarf herauszuschälen. Das kann damit beginnen, dass man mit einem einheimischen Fischer auf Fangfahrt geht und ihm dabei seine kleinen Tricks abschaut. Dass man Musikdarbietungen nicht nur zuhört, sondern – Talent vorausgesetzt – an ihnen teilnimmt. Dass man die uralten und kerngesunden Veteranen, die man vielerorts trifft, einmal nach ihren Lebensläufen und -weisen befragt und Lehren daraus zu ziehen versucht. Es gibt viele Möglichkeiten, um dieserart nicht nur Vorurteile abzubauen, sondern seinen Tropenaufenthalt auch höchst unterhaltsam zu gestalten.

Wilde?

Gibt es überhaupt noch „Wilde"? Nun, ein Blick in eine deutsche Disco, auf einen Schulhof oder eine Autobahn wird zwangsläufig zur Bejahung dieser Frage führen. Aber im Ernst: Als „Wilde" bezeichnet man generell jene Menschen, die noch nicht der Vergünstigungen der (immer westlichen) Zivilisation teilhaftig wurden, sondern weitgehend im Einklang mit der Natur leben. Wahrscheinlich werden unsere eigenen Nachfahren eines Tages einmal darauf zurückgreifen müssen.

Dass es zu Beginn des 21. Jahrhunderts überhaupt weiterhin „wilde Menschen" gibt, sollte froh

▲ Eine „Wilde" trägt adidas ...

stimmen. Nach UNO-Angaben leben etwa 5000 Naturvölker über den ganzen Erdball verstreut, in insgesamt 105 Ländern und die meisten davon in den Tropen. Ein paar Kleinvölker (auf Neuguinea und im Amazonasbereich vermutet) sind womöglich noch gar nicht „entdeckt" – und der Himmel möge sie davor bewahren. Dennoch haben alle wilden Völker nur geringe Überlebenschancen. Durch Zerstörung ihrer Lebensräume und eingeschleppte Krankheiten sind sie zum Aussterben verdammt. Und der Rest fährt dann Auto (mit Sicherheitsgurt, versteht sich) und geht im Supermarkt einkaufen. Aber trifft dieses Bild auf alle Menschen in den Tropen zu?

Fotografieren

Nicht alle Tropenbewohner lassen sich gerne auf Film bannen! Schwarzafrikaner und Muslims hassen es geradezu, andere sehen durch die Knipserei gar „ihre Seele entführt". Man berücksichtige das stets und frage immer um Erlaubnis und sei es nur mit einer freundlichen Geste. Bei Ablehnung verzichte man auf das Foto, weil es sonst großen Ärger geben kann. Manchmal wird auch ein kleiner Obolus verlangt, den man leisten sollte - obiges Foto kostete z. B. zwei ... Bier.

„Wovon leben die nur alle?"

Diese Frage stellt sich bei einer Reise in die Tropen unweigerlich früher oder später. Um sie zu beantworten, muss man zunächst zwei grundverschiedene Lebensformen ins Auge fassen. Nämlich die **Subsistenzwirtschaft** einerseits, in der Millionen von Tropenbewohnern leben, und die Industrie- und Marktökonomie andererseits, die unsere eigene Existenzbasis bildet. Die erstere ist Selbstversorger, sie produziert keine Überschüsse. Jede Familie, jedes Dorf erzeugt kaum mehr, als die Gemeinschaft zum Leben braucht. Es handelt sich um ein System, das sich seit Tausenden von Jahren bewährt hat: Man lebt vom Land und vom Meer, ohne beiden zur Last zu fallen. Die Subsistenzwirtschaft ist die einzige ökologisch unbedenkliche menschliche Lebensform. In enger Verwandtschaft mit ihr steht die **Naturalwirtschaft,** in der Tauschhandel mit den eigenen Produkten getrieben wird.

▼ Das Meer bietet reichlich Nahrung

Begegnungen

0.24r Abb.: rh

▲ Niemand behauptet, es wäre alles ein reines Zuckerschlecken ...

So stellt sich die dörfliche Szene in tropischen Ländern noch heute dar. Die individuellen sozialen Bedürfnisse regelt weiterhin die **Großfamilie**, die Sippe, der Clan. Ballungszonen gibt es innerhalb der Subsistenzgesellschaft nicht und auch keinen Nährboden für eine ausgeprägte Marktwirtschaft. Geld fließt nur in geringem Umfang. Daraus erklären sich auch die auf industriell und finanziell vorgepolte Menschen so erschreckend niedrig wirkenden Pro-Kopf-Einkommen von Drittweltstaaten und die damit scheinbar einhergehende Bildung von Slums. Doch in reinen Agrarländern gibt es gar keine Slumprobleme. Vorwiegend auf Subsistenzbasis existierende Systeme können auch kaum je – von lokalen und zeitlich begrenzten Hungerperioden durch Naturkatastrophen abgesehen – in Krisensituationen geraten. Es sei denn, sie versuchen sich über den familiären und dörflichen Kollektivismus hinweg an sozialistischen Großsystemen, die den Anreiz auf Produktivität von vornherein im Keim ersticken.

Der Abstieg beginnt erst, wenn die Subsistenzkulturen auf die **Industriewirtschaft** mit ihrer Eigengesetzlichkeit stoßen. Denn es ist die industrielle Produktion, die das Konzept des Überschusses kennt und eine Wirtschaftsform vertritt, die – bis es mal zum Crash kommt, kommen *muss* – mehr abwirft, als man wirklich zum Leben braucht. Die Zufriedenheit mit der Güte der Mutter Natur weicht dem Wunsch nach materiellem Wohlstand, dem verstärkten Drang nach Prestigebesitz, dem Streben nach Komfort und Luxus, nach Privilegien und Macht. Zugleich diskriminiert die industrielle Gesellschaft die in Subsistenzwirtschaft lebenden Menschen als auf kulturell niedrigem Niveau stehend und etikettiert sie als rückständig und primitiv. Im tapfersten Kämpfer an der Spitze einer glänzend versorgten Familie erzeugt sie erstmals Minderwertigkeitsgefühle und damit den fatalen Wunsch, sich von seiner einfachen Wirtschaftsform abzukehren. Außerdem sorgt das industrielle Modell durch seine ihm eigenen Massenkommunikationsmittel dafür, dass seine scheinbare Attraktivität selbst im tiefsten Busch bekannt wird. Zeitschriften, Transistorradios und in unheilvoll zunehmendem Maße das Fernsehen, das dafür erdumspannende Satellitensysteme einsetzt, schildern dem unbedarften Landbewohner eine pflegeleichte Dallas-Welt, in der sich das Geld ohne Arbeit von selbst vermehrt und allen erdenklichen Luxus greifbar macht, einschließlich der weißen Puppe auf dem Lotterbett.

„Wovon leben die nur alle, wenn ein Sack Hirse einen Mo-

Kreditfalle

Ausländer sollten Vorsicht walten lassen und nicht blauäugig in diese Kreditfalle tappen, die ihnen mitunter angetragen werden mag – vielleicht mit dem Lockmittel eines interessanten gemeinsamen „Geschäfts". Der Fremde gibt – und sieht sein Geld nie wieder, denn eine Rückzahlung war von Vornherein nie die Absicht des Empfängers gewesen. Auf den Philippinen nennt sich diese Praxis sehr hübsch „ilista sa tubig - auf dem Wasser anschreiben". Aber bei uns kennt man „in den Wind schreiben" ja auch hinlänglich.

Begegnungen

026r Abb.: rh

▲ *Mit echten „Tante Emma-Läden" verdienen sich viele ein Zubrot*

natslohn kostet?" fragt in der Zeitschrift Focus (14/96) ein ratloser Reporter. Das Szenario war in diesem Fall der afrikanische Sudan. Aber der Schauplatz hätte in jedem Land der Dritten Welt liegen können, wo, wie eben schon angedeutet wurde, sich die Kleingesellschaften in sich selbst tragen. Sie verkörpern die vorkoloniale Lebensform, die nie essentiell von einer Regierung und Verwaltung abhängig war und diese Praxis im Prinzip noch heute fortführt. In diesem dualen System verbergen sich hinter einem trostlos bezifferten Bruttosozialprodukt und der bescheiden wirkenden Subsistenzkultur florierende Schattenwirtschaften, deren Bilanzen nirgendwo auftauchen. Man kauft und verkauft Produkte aus eigenem Anbau, Fischer und Jäger preisen ihre Fänge an, Geschmuggeltes (manchmal auch Gestohlenes) wechselt den Besitzer, Dienstleistungen wie eine Autoreparatur verrichtet man aus Freundschaft, morgen vielleicht gibt's im Ge-

genzug ein gebratenes Huhn dafür. Importierte Güter sind kaum zu sehen. In ihrem winzigen Laden verkauft die Tante Tütenfutter aus der Stadt und verdient sich solcherart ein kleines Zubrot.

Wenig Geld läuft in dieser Naturalwirtschaft um. Das Profitdenken ist minimal. Wenn es wirklich mal kneift, findet sich in der Großfamilie zumeist jemand, der einen Obolus entbehren kann und großzügig mit einem „Darlehen" aushilft, dessen Rückzahlung nie erwartet wird.

Begegnungen

Industrie im Dorf?

Von industriellem Engagement ist in den dörflichen Gemeinschaften wenig zu bemerken. Es gehört da auch nicht hin, denn jeder noch so kleine Eingriff in die Subsistenzkultur trägt zu deren Schwächung bei.

Indem zum Beispiel ein Lokalpolitiker (verbotenerweise) ein Mangrovenvorland flach macht, um Garnelenteiche anzulegen. Eine solche „Exportindustrie" sieht in der Bilanz ihres Initiators sehr eindrucksvoll aus und auch auf den Papieren der Regierung. In jener der dörflichen Gemeinschaft aber nicht; sie gibt dort sogar einen dicken Negativposten ab. Denn von den Erträgen der Garnelenteiche profitieren nicht die Dörfler, weil der Kapitalist sich mit seiner Aktion aus der Gemeinschaft ausklinkt. Zudem sind die zerstörten Mangroven gleichbedeutend mit (möglicherweise auf Null) reduzierter Seefischbrut. Fazit: Nur noch einer im Dorf kann hinfort seinen Lebensunterhalt bestreiten, vielleicht sogar fürstlich, aber allen anderen geht es nun schlechter. Außerdem zieht das bessere Ergehen eines Einzelnen (und der Prachtbau, den er sich unweigerlich in die schlichte Kulisse setzt) Sozialneid nach sich, der die dörfliche Solidarität aushöhlt und zu sozialer Verwahrlosung führt - offensichtlich eine wenig wünschenswerte Entwicklung.

Familien, Frauen und Kinder

Der vorstehende kleine Ausflug in andere Wirtschaftsformen war notwendig, damit der Tropenreisende weiß, mit wem er es bei Begegnungen mit den Einheimischen zu tun hat. Nämlich in vielen Fällen mit Menschen, die zwar materiell vergleichsweise arm dastehen, aber eine selbstständige Existenz führen und darauf stolz sind. Das Häuschen: selbst gebaut. Das Boot: dito. Der Acker: selbst bestellt. Und so weiter. Der Status dieser Menschen erklärt auch, weshalb so viele von ihnen überhaupt keinen Wert darauf legen, eine „Stelle" zu haben und im Nine-to-five-Rhythmus für einen „Chef" tätig zu sein. Sie sind lieber ihre eigenen kleinen Bosse und den ganzen Tag mit- und füreinander da. Dies ist der größte Posten an „Andersartigkeit", die hiesige und dortige Lebensweisen unterscheidet und natürlich auch die Mentalitäten prägt.

Ein weiterer ist der feste **Familienzusammenhalt.** Zwar gerät das System der traditionellen Großfamilie und der dörflichen Clans unter dem Vordrängen westlicher „Werte" vielerorts fühlbar ins Wanken, die Loyalität von Familienmitgliedern zueinander bleibt jedoch selbst angesichts solcher Auflösungserscheinungen mehr oder minder unterschwellig erhalten. Dieses Wissen kann für den Reisenden mitunter wichtig sein. Vielleicht hat er sich aus irgendeinem Grund mit Cousin Mario (von Cousine Maria gar nicht zu sprechen) angelegt und nicht viel darauf gegeben. Doch plötzlich hat er den ganzen Clan gegen sich und weiß gar

Die eigene Herkunft

Welchen Stellenwert die Familie für die meisten Drittweltvölker hat, kann man schon an den Fragen ermessen, die dem Besucher gestellt werden und die er selbst für absolut irrelevant halten mag: Wie viele Geschwister er hat, Onkel, Tanten, Vettern, Cousins. Und wie viele Kinder die wiederum haben. Wie sie heißen, was sie so treiben … Es gehört sich, solche Erkundungen artig zu beantworten; notfalls muss man ein wenig dazu dichten. Vor allem in Bezug auf Kinder.

nicht warum. Das kann zu Problemen führen, gegen die manchmal nur schnelle Flucht hilft.

Dass ein Ehepaar keine eigenen Kinder hat, ist für viele Tropenmenschen schier unvorstellbar. Denn Nachwuchs wird weiterhin mit Reichtum gleichgesetzt; viele **Kinder** gelten als Kapital und Altersversorgung, auch wenn alles zunächst in immer kleinere Portionen geteilt werden muss. Zögerlich setzt sich jedoch ein offenbar weltweiter Konsens durch, dass dies nicht der richtige Weg sein kann, denn die Geburtenrate sinkt überall (außer in den meisten muslimischen Ländern).

1972 hatte man für das Jahr 2050 eine Weltbevölkerung von 15 Milliarden prognostiziert, jetzt rechnet man mit 9,4 Milliarden – schlimm genug, aber nicht mehr so erschreckend wie zuvor. Führend in den Zuwachsraten ist unverändert – trotz Aids und mancher Hungersnot – Schwarzafrika. Von dort dürfte es in unseren Gefilden, deren Bevölkerungen sich kaum noch fortpflanzen, einmal viel Besuch geben.

Auslöser für den globalen Geburtenrückgang ist außer Gesinnungsänderungen die generelle Akzeptanz von **Verhütungsmitteln,** deren Einsatz in vielen Staaten aggressiv propagiert wird. Auch sind Millionen von **Frauen** nicht mehr bereit, weiterhin die Rolle von „Gebärmaschinen", wenn man sie denn jemals so nennen durfte, zu spielen. Dass sich die Frauen der Dritten Welt dieserart aus einem Jammertal traditioneller Knechtschaft und Unterdrückung durch eine überall aus „Machos" bestehende Männergesellschaft emporrecken, entspricht jedoch nicht den Tatsachen. Richtiger ist vielmehr, wovon man sich bei präziser Beobachtung vor Ort überzeugen kann, dass dem Macho (was nichts anderes als „Mann" im biologischen Sinn bedeutet) zumeist auch eine „Macha" gegenübersteht, die dem Herrn der Schöpfung erbarmungslos die Einkünfte abknöpft und den Familienunterhalt damit bestreitet. In Ländern mit der zuvor genannten „Schattenwirtschaft" dominieren Frauen das gesamte Marktgeschehen, in anderen stellen sie das Mittelfeld in Büro und Verwaltung, hier und da nehmen sie hohe bis höchste Regierungsränge ein. Der Kampf um Emanzipation hat nirgendwo in der tropischen Welt jene bittere Härte erreicht, die ihn in den Industrieländern prägt. Der Grund ist ein ganz simpler: Die meisten Drittweltfrauen waren schon immer emanzipiert oder sie fühlten sich so. Sie handhaben das Thema lediglich subtiler und harmoniebewusster und ließen es die Männer nicht einmal merken. Vielleicht nicht die schlechteste Politik, wie die Intaktheit traditioneller Bindungen im Vergleich beweist.

028tr Abb.: rh

Kinderköpfe tabu!

Vorsicht! Wer ein Kind im tropischen Afrika mit einer Wurstbaumfrucht berührt, sorgt zwar lobenswerterweise dafür, dass es groß und stark wird. Ein Kontakt am Schädel führt jedoch zu einem Wasserkopf – und dann ist man schuld! Auch in Teilen Asiens sind Kinderköpfe, überhaupt Köpfe, „als Sitz der Geister" tabu und dürfen nicht berührt werden.

Sprachkenntnisse

In großen Teilen der tropischen Welt sind die Sprachen der einstigen Entdecker- und Kolonialmächte zur Lingua franca (Verkehrssprache) geworden. Brasilianer sprechen Portugiesisch, die meisten anderen Lateinamerikaner Spanisch. Afrikaner kommunizieren ebenfalls auf Portugiesisch oder, zusammen mit Ozeaniern, Französisch und Englisch. Letzteres ist auch die Fremdsprache Nummer Eins in Asien.

Wer auf Tropentour geht, sollte mithin mindestens eine von diesen Sprachen einigermaßen draufhaben. Denn sich „mit Händen und Füßen" zu verständigen, stößt irgendwann einmal an seine Grenzen, spätestens beim Gang zur Toilette.

Um in die Seele und wahre Denk- und Lebensart der Tropenvölker vorzudringen, muss man sich in jener Sprache verständigen können, die dort in der täglichen Praxis verwendet und die hier zu Lande schon gerne mal als „Stammesdialekt" herabgesetzt wird. In Wahrheit sind solche Medien – wie Bahasa Indonesia (Indonesien), Hausa (Westafrika), Hindi (Indien; wird z. B. von 5% der Menschheit gesprochen – die „Weltsprache" Deutsch mal gerade von 2% ...), Kisuaheli (Ostafrika), Quechua (Peru), Tagalog (Philippinen) und Hunderte andere – hoch entwickelte und seit Urzeiten praktizierte Sprachen, deren Kenntnis erst Einblick in die Mentalitäten der Menschen vermittelt, die sich in ihnen unterhalten.

Literaturtipp
Die kleinformatigen Sprachlehrbücher der Kauderwelsch-Reihe aus dem Reise Know-How Verlag leisten gerade, aber nicht nur, bei exotischen Sprachen unschätzbare Dienste. Weit über 100 Sprachen sind in der Serie vertreten.

Begegnungen

Ernährung

Tropische Kulinarik

Es ist tatsächlich schon vorgekommen, dass Teilnehmer einer „Erlebnisreise" in tropische Gefilde ihren Veranstalter auf die übliche Schmälerung des Urlaubsgenusses verklagten, weil sie das „landestypische Essen" im Programm als unzumutbar empfanden. Die Klage wurde abgeschmettert. Auf Reisen dieser Kategorie darf man keine „europäischen Hygienemaßstäbe" anlegen, urteilte das Gericht.

Wenn die Nahrung aus einer industriellen Pappschachtel gekommen wäre, hätten die Beschwerdeführer sie wohl als einwandfrei gepriesen. Da die Nahrungsmittel unserer Breiten fast ausschließlich von Maschinen verarbeitet werden, stößt die offenbar immer unbekannter werdende „menschliche Variante" auf Abscheu und Ablehnung. Allein die auf den öffentlichen Märkten in den Tropen frei ausliegenden Waren werden von Ausländern vielfach als unappetitlich angesehen und zugunsten eines eingedosten Importprodukts liegen gelassen, das vielleicht überhaupt erst den Weg in die Ferne gefunden hatte, weil es den Maßstäben des Herstellungslandes nicht mehr genügte. Was hier zu Lande durch das Raster gesundheitlicher Bestimmungen fällt, wird noch lange nicht auf den Müll geworfen, sondern endet häufig in Drittweltländern.

Gut bis sehr gut ernährt man sich eher dort in den Tropen, wo man weiterhin eigene Produkte vom Land und eigene Fänge aus der See zu verwenden versteht – biologisch einwandfreie Kulinarik, die dem Esser alle erforderlichen Nährstoffe vermittelt. Tropenweit führend sind dabei die **Küchen Südostasiens,** namentlich Thailands und seiner Nachbarn, und auch die indische Kochkunst kann sich in der Tat sehen lassen. (In Asien sind Prostataerkrankungen nahezu unbekannt, was nach Ansicht von Fachleuten an der Ernährung mit viel pflanzlichen Östrogenen und Sterolen liegt.) Afrika fällt im Vergleich stark ab und auch Lateinamerika hält mit der asiatischen Vielfalt bei weitem nicht Schritt.

„Ozeanische" Rezepte, so auf den vielen **pazifischen Inseln,** zeichnen sich durch ihre Appetitlichkeit aus, weil die Zutaten zumeist direkt von der Quelle in den Topf wandern. Das Gesamtangebot ist jedoch eher karg, schon wegen einer artenarmen insularen Fauna und Flora. Kein Wunder, dass man hier immer gern zum „Langschwein" griff, mit dem die Opfer des Kannibalismus euphemisiert wurden.

In hiesigen Breiten hat man in jüngerer Zeit die „mediterrane Küche" als besonders genussreich und gesund entdeckt und entsprechend propagiert. Eine Vielzahl der Rezepte zwischen Gibraltar und Zypern existiert jedoch analog im ganzen Bereich tropischer Weltmeere, wo ebenfalls frutte di mare, Salate und diverse Gemüse auf dem täglichen Speiseplan stehen. Wer die See in Reichweite hat, ist in den Tropen fast überall gut bedient. Zum Landesin-

Ernährung

029ir Abb.: rh

neren hin kann es dann erheblich dürftiger werden. Für das **Warenangebot** gilt überdies, dass man auf städtischen Märkten eine viel größere Auswahl hat als auf dem Land, wo es mangels Nachfrage – jeder baut nur seinen eigenen Bedarf an – oft gar keine Märkte gibt. Daraus resultiert, so paradox es klingen mag: Zunächst einmal Proviant von der Stadt aufs Land mitnehmen, dort sehen wir dann weiter.

Typisch für die tropische Küche sind auch gut gewürzte Speisen. Kein Wunder, die besten **Gewürze** kommen ja eben dort her. Scharfe Gerichte sind keineswegs schädlich für die Verdauung, wie oft geglaubt wird, sondern regen sie im Gegenteil an und fördern die Gesundheit. Chili- und Cayenne-Pfeffer gelten als durchblutungsfördernd, antirheumatisch, schmerzstillend und wirken wegen ihres Gehalts an Endorphinen antidepressiv – scharfes Essen, gute Laune.

Auch von übertriebener Zurückhaltung beim Salzen raten Ernährungswissenschaftler wieder ab. Vor noch nicht langer Zeit wurde **Salz** zum rechten Teufelszeug erklärt. Jetzt sieht man keinen Grund mehr, gesunden Menschen das Salz zu verbieten, spricht gar von einem Mythos. Wer in den Tropen viel schwitzt, hat überhaupt mehr davon nötig als in kühleren Klimata – also keine Furcht vor dem Stoff.

Probleme mit der Nahrungsumstellung

Schon die Zeitverschiebung, mit der man in den meisten Tropenländern (außerhalb Afrikas) zu tun hat, trägt zu Schwierigkeiten bei der Nahrungsaufnahme bei. Um 8 Uhr morgens ist einem nach Ankunft in Tonga nicht nach dem Abendessen zu Mute, das man daheim um diese Zeit einnehmen würde. Das erfordert also einige Eingewöhnung. Wer

einen schwachen Magen hat, dem fällt das besonders schwer. Aber auch die meisten „Normalos"
reagieren zunächst gereizt. Durchfall, dann wieder
Verstopfung, sowie auch permanente Appetitlosig-
keit sind die Reaktionen nicht nur auf die neue Zeit,
sondern auch auf das Klima und die ungewohnte
Nahrung. Viele Europäer versuchen dieser Problematik zu entgehen, indem sie in der Fremde nur
Restaurants mit Heimatküche aufsuchen – „futtern
wie bei Muttern". (Statistisch erweisen sich die
Deutschen allerdings als sehr experimentierfreudig;
am verbohrtesten sind die Briten.)

Zuvor war gerade geschildert worden, wie gut
und biologisch unfragwürdig man sich in den Tropen ernähren kann. Um an diesen Genüssen ohne
Mühe teilnehmen zu können, braucht der Organismus des Reisenden schon ein paar Tage, während
derer „schwere" Mahlzeiten vermieden werden
sollten und immer für reichliche Flüssigkeitszufuhr
(kein Alkohol) gesorgt werden muss. (Thema Wasser: s. weiter hinten.) Im Prinzip ernährt man sich in
den Tropen nicht anders als daheim, indem man einen Mix aus Kohlenhydraten, Proteinen und Fetten
sowie Vitaminen und Mineralien zu sich nimmt.

Da das tropische Klima aber Verkeimungen be-
schleunigt und weil bei der Nahrungsbereitung
nicht überall mit penibler hygienischer Sorgfalt vor-
gegangen wird, ist mehr Vorsicht als gewohnt am
Platze. Ungekühlte Lebensmittel verderben schnell
und können schon beim Kauf anrüchige Eigenschaften aufweisen. Und weil sich jeder Kunde
eben davon überzeugen möchte, werden manche
Waren immer wieder befingert, was sie auch nicht
gerade gesünder macht.

„Boil it, peel it or forget it", besagt eine englische
Regel: Man koche, schäle oder vergesse es. Klar,
dass man in den Tropen kein rohes Fleisch verzeh-
ren und nicht in die Gurke, so wie sie vom Feld

Ernährung

kommt, beißen sollte. Auf Kopfsalat, der intensiv gedüngt werden muss, verzichte man. Majonäse gegenüber, sowie auch allen Salaten, die sie enthalten, ist ebenfalls Misstrauen angebracht, namentlich wenn sie der Wärme ausgesetzt waren. Wahrhaft gefährlich kann Speiseeis aus heimischer Fertigung sein, alle nicht industriell verarbeiteten Milchprodukte überhaupt. Doch den obigen Spruch mit immer gleicher Unerbittlichkeit praktizieren zu wollen, ist nicht vonnöten. Den just aus dem blauen Ozean gezogenen Fisch kann man getrost zu Sushi verarbeiten und der allergrößte Teil von Obst und Gemüse muss für den Verzehr ohnehin geschält werden, viele andere Lebensmittel sind ungekocht eh ungenießbar. Generell gilt, dass man keine *Angst* vor dem Dargebotenen haben sollte. Denn die schlägt mehr auf den Magen als alle Keime zusammen genommen.

Herrliche Tropenfrüchte

Ist eine „Obstkur" in den Tropen einer hiesigen vorzuziehen? Aber immer! Allein die Vielfalt und die Güte tropischer Früchte sind ein Grund für eine Reise in heiße Gefilde. Überzüchtung und ausgelaugte Böden haben nämlich zu einer dramatischen Minderung des Vitamin- und Nährstoffgehalts heimischer Obstsorten geführt, vom mangelnden Geschmack ganz zu schweigen.

Weit über hundert Arten tropischer Früchte gibt es – und das sind nur die bekanntesten. Diese verzweigen sich wiederum in verschiedene Unterarten und Sorten. Allein von der königlichen Mango existieren mehr als tausend. Alle sind nicht nur gut zu essen, sondern erfreuen sogar Auge und Nase und heben Stimmung und Appetit des Essers schon vor dem Verzehr. Die meisten sind wahre „Vitamin-

Literaturtipp

„Essbare Früchte Asiens" von Roland Hanewald, Reise Know-How Verlag, Bielefeld

bomben", andere, so die riesige Jackfrucht mit bis zu 70 kg Gewicht, haben so subtile Wirkungen wie die Anregung des menschlichen Immunsystems.

Die Wahrscheinlichkeit, an eine „falsche", womöglich **giftige Frucht** zu geraten, ist extrem gering. Man sollte sich lediglich mit Reifestadien und Zubereitungstechniken auskennen, aber dafür gibt es spezielle Literatur.

Eines ist stets zu beherzigen: Wo immer tropische Früchte in Kultivierung wachsen, haben sie auch einen **Eigentümer.** Man pflücke sie also nicht einfach „vom Baum in den Mund" (ein nicht auszurottendes Tropenklischee), ohne den Besitzer zu fragen.

Kleinbauern und Marktfrauen gebe man beim **Früchtekauf** stets den Vorzug gegenüber den „Großen". Nicht nur, weil sie ein wenig Bares nötiger haben, sie gehen auch sparsamer mit der Giftspritze um – falls sie überhaupt eine benutzen.

Reife Früchte

Tropenobst reift doppelt so schnell heran, wenn man es in (ungekochtem) Reis aufbewahrt.

Milchsaft entfernen

Milchsäfte von Früchten und Pflanzen auf der Haut entfernt man mit Öl. Jegliche Art von Öl (einschließlich Sonnenöl) eignet sich dafür.

Ernährung

Ein Prost auf das Wasser

Das tropische Klima erfordert einen weitaus höheren Wasserkonsum als daheim. Zu keinem anderen Lebensmittel (denn es ist eines) werden gleichzeitig mehr Warnungen ausgesprochen als zum Wasser hygienetechnisch unterentwickelter Gefilde. In der Tat können gerade durch verkeimtes Trinkwasser flächendeckende Großepidemien übertragen werden – 10 Millionen Menschen sterben weltweit jährlich daran.

Die Angst von Touristen vor verseuchtem Wasser erreicht mitunter hydrophobische Dimensionen,

„Sauberes" Wasser selbstgemacht

Eigene Entkeimungsmethoden

Abkochen: *Wasser, das 15 Minuten sprudelnd gekocht hat, ist keimfrei.*

Filtern: *Ein Stück Stoff hält (in Ermangelung anderer Möglichkeiten) schon die ärgsten Verschmutzungen zurück. Indisches Sari-Gewebe soll sogar Choleraerreger aussondern. Besser ist natürlich ein kommerzielles Gerät. Auf dem hiesigen Markt angebotene Filter von Katadyn wiegen etwa 650 g und sind nur 25 cm lang. In ihnen wird das Wasser über einen osmotischen Vorgang gereinigt und entkeimt.*

Desinfizieren: *Ein Tropfen Jod auf 1 Liter macht das Wasser nach 1 Std. Einwirkzeit trinkbar (Notfall). Effektiver sind spezielle Tabletten (Micropur) von der genannten Firma. Andere Präparate sind: Chlorina, Globaline und Halazone. Einwirkzeit: 1–2 Std.*

Solare Wasserdesinfektion

Die industrielle UV-Bestrahlung kann man in kleinerem Maßstab nachvollziehen, indem man verdächtiges Wasser in klare Plastikflaschen füllt und sechs Stunden in die Sonne legt. Das UV-Licht und die Erwärmung des Wassers auf über 50 Grad töten dabei die gefährlichsten Erreger wie etwa Escherichia-coli-Bakterien nahezu vollständig ab. In einer zur Hälfte schwarz angestrichenen und auf ein Wellblechdach gelegten Flasche ist das Ergebnis noch beeindruckender. Das Verfahren bietet keine hundertprozentige Sicherheit, aber es ist denkbar einfach und das Restrisiko gering.

die nachteiliger als tatsächliche Gefahren des Getränks sein mögen. Wen solche Sorgen bewegen, der muss sein Wasser abkochen oder chemisch behandeln, was zumindest in der tropischen Wildnis allemal zu empfehlen ist.

Allerdings drängt in jüngerer Zeit immer mehr durch UV-Licht entkeimtes und in Plastikflaschen abgefülltes Trinkwasser großindustrieller Herkunft auf den Markt, manchmal ziemlich teuer. Dies ist eine sehr gute Alternative zu bestehenden Quellen, wenngleich in einigen Fällen auch Schindluder mit dem Stoff getrieben werden mag, indem man die Flaschen einfach am nächsten Wasserhahn abfüllt. (Ein leichter Chlorgeschmack deckt die Mogelei unter Umständen auf; UV-bestrahltes Wasser wird nicht gechlort. Auch ist ein unverletzter Verschluss zu prüfen.)

Industriegetränke, was immer man sonst von ihnen halten mag, sind in Bezug auf Hygiene über jeden Verdacht erhaben – entsprechende Schadenersatzklagen kann sich kein Unternehmen leisten. Dieser Vorzug kann jedoch schnell zunichte gemacht werden, wenn man den Drink mit ein paar Eiswürfeln kühlt, denn deren Herkunft mag überaus fragwürdig sein. Nicht nur wird Eis schon bei der Herstellung oft extrem nachlässig gehandhabt. Man zieht die Blöcke auch locker durch den Straßendreck und mit klebrigen Fingern patscht man sie sowieso an. Und da Eiseskälte keineswegs Bakterien vernichtet, sind die unschuldigen Würfel unter Umständen wahre Keimbomben – Vorsicht mit Eis!

Sollte man nur (wie auch immer) entkeimtes **Zahnputzwasser** benutzen? Der Autor zumindest hat es in seinem ganzen Leben nicht ein einziges Mal für nötig befunden. Die Mundhöhle enthält eine Menge Barrieren, die selbst die bösartigsten Bakterien nicht zu überklettern vermögen. Sehr gesund insofern (stark bakterizid) ist sauberes Seewasser.

Und wie verhalten, wenn einem irgendwo ein **Getränk** unklarer Provenienz **angeboten** wird? Am besten redet man sich damit heraus, dass einem der Arzt just diese Art von Flüssigkeit verboten (oder ihr Aufkochen verordnet) hat. Wer oft in solche Situationen gerät, sollte den Spruch in der Landessprache auswendig lernen oder ihn sich aufschreiben und vorzeigen.

Ernährung

71

Wunderbaum Kokospalme

Es wird bei uns vielfach geglaubt, dass sich ganze Völkerschaften in den Tropen nur von Kokosnüssen ernährten. Das entspricht nicht im Entferntesten den Tatsachen. Zwar ist die Kokospalme wahrlich ein exklusiv tropisches Gewächs und kommt, meist in Meeresnähe und sogar unmittelbar am Strand wachsend, zu Hunderten von Millionen von Exemplaren vor.

Ihre Produkte werden in der Tat für diverse Nahrungszwecke verwendet. Aber kein Tropenbewohner kaut auf dem zähen Kokosfleisch herum. Er macht etwas Besseres daraus.

Zunächst muss klargestellt werden, dass das harte, braune Etwas in hiesigen Supermärkten nicht die Kokosnuss ist, wie sie am tropischen Baum hängt. Sie bildet lediglich den Kern einer dicken und schweren Umhüllung (Gesamtgewicht bis 6 kg), die abgeschnitten oder -gestemmt werden muss, um ans Innere zu gelangen. Das ist im jungen Stadium noch extrem dünnschalig und das Fleisch nur einen bis einige Millimeter dick, geleeartig und sehr schmackhaft. In diesem Zustand enthält die Nuss bis zu einem Liter hygienisch einwandfreien Wassers (nicht „Milch"!), das unbegrenzt getrunken werden kann, aber eine leicht „durchschlagende" Wirkung besitzt. Zusammen mit dem herausgeschabten dünnen Fleisch, einer Prise Zucker und einem Spritzer Zitrone gibt das frische Kokoswasser einen herrlichen Drink ab, den man allen anderen Getränken stets vorziehen sollte.

Aus dem harten Fleisch der gereiften Nuss bereitet man Kokosmilch, indem man das Fleisch raspelt und in einer Tasse gewöhnlichem Wasser ausdrückt. In dieser Milch gekochte Speisen haben nur einen leichten Kokosgeschmack,

---

Kokosnuss öffnen

Eine harte, braune Kokosnuss öffnet man, indem man ihrem „Äquator" mit der stumpfen Seite des Haumessers einen scharfen Schlag versetzt. Die Nuss zerspringt dann in zwei saubere Hälften.

---

doch die verwendeten Zutaten verlieren unangenehme Eigenschaften: Fisch schmeckt nicht mehr „fischig", Gemüse weniger „grün". Mit Kokosmilch wird vornehmlich im indopazifischen Tropenbereich gearbeitet, von wo auch die besten Rezepte stammen. Wenn man Kokosmilch unter ständigem Umrühren in der Pfanne auf-

> **Flecken vermeiden!**
> *Kokoswasser und der Fasersaft der grünen Nuss dürfen nicht auf die Kleidung gelangen, weil sie dort unauslöschliche Flecke hinterlassen.*

kocht, bleibt reines Kokosöl zurück, das man in der Küche oder zur Kosmetik verwenden kann. Nach Abgießen des Öls bleibt in der Pfanne ein krümeliger Rückstand übrig, der ein prima Dessert abgibt.

Industriell wird Kokosöl aus Kopra gewonnen, dem getrockneten und durch Räuchern haltbar gemachten Kokosfleisch. Wenn bei der Kopragewinnung die Nüsse aufgehackt werden, entdeckt man in vielen ein weißes Keimorgan, das mitunter den ganzen Hohlraum ausfüllt. Dieser „Kokoskuchen" ist unbedenklich verzehrbar, wirkt in größeren Mengen jedoch abführend.

Kokosküche

Kokosmilch wie beschrieben bereiten. Der ausgelaugte Raspel hat keinen Nährwert und kann weggeworfen werden. 4 Knoblauchzehen, 1 geh. EL Ingwer in etwas (Kokos-)Öl anbraten, die Hälfte der Kokosmilch zugießen, zum Kochen bringen. Zerkleinertes Gemüse zufügen (fast alle Arten sind verwendbar, aber auch Knollenfrüchte wie Süßkartoffeln, Maniok oder Jams), ohne umzurühren ca. 10 Min. köcheln lassen, bis das Gemüse fast bzw. die Knollenfrüchte ganz gar sind. Restliche Kokosmilch aufgießen, noch einmal kurz und kräftig aufkochen. Salzen. Besonders schmackhaft, wenn Chilipfeffer, eine Hand voll Trockenfisch oder -shrimps und ein Büschel Zitronengras mitgekocht werden. Mit Reis essen.

030r Abb.: rh

Vorsicht, Gift!

Von Gift im Essen können die hiesigen, von einer Schreckensmeldung zur anderen gehetzten Menschen ein Lied singen. Man gebe sich nicht dem naiven Glauben hin, dass in der tropischen Welt keine industrielle Manipulation der Nahrungsmittel stattfände. Im Gegenteil. Was nach einer Kette von Skandalen hier zu Lande längst nicht mehr tragbar ist, gilt in Äquatornähe schon wegen mangelnden Unrechtsbewusstseins und fehlender Aufsicht als völlig normal. Der Besucher eines Tropenlandes wird in den dortigen Supermarktregalen deshalb viele verlockend aussehende Waren vorfinden – alles ganz wie daheim. Was im Einzelnen in ihnen steckt, steht aber nicht drauf. Man halte sich also möglichst stets an freimarktbezogene Küche.

Wer als Selbstversorger auf Survivaltour in die tropische Wildnis gehen möchte, muss sich dort auch ein wenig auskennen. Viele Pflanzen sind schwer giftig. Manche bedürfen einer speziellen Behandlung, um essbar zu werden. Man sollte deshalb in Sachen Botanik ständig den Einheimischen über die Schulter schauen.

Selbst die See, die eine überaus reichliche Palette an Lebensmitteln bietet, hat ein paar böse Giftbomben im Angebot. An allererster Stelle stehen Puffer- und Igelfische, die in Japan zwar als große Delikatesse gelten (fugu), aber einer chirurgischen Zubereitung bedürfen – und sogar dabei gibt es mitunter tödliche Pannen! Mehrere andere Fischarten können saisonal oder regional giftige Eigenschaften annehmen. Man frage die Fachleute vor Ort. Gänzlich unberührt lasse man Krebse, die nicht von der Allgemeinheit verzehrt werden. Einige Arten sind so toxisch, dass ein einziger Happen Krebsfleisch, gekocht oder nicht, den Esser spontan in den Exitus kippen lässt.

03.2tr Abb. rh

Ernährung

◀ *Unbehandelt tödlich giftig: Namé-Jams*

„Allgemeines Lebensrisiko"

*Ein deutscher Pauschalurlauber war nach dem Zugriff
ins abendliche Fischbuffet seines Hotels in der Dominikanischen Republik an so genannter Ciguatera erkrankt,
die im karibischen Raum nicht selten ist. (Siehe auch
„Erste Hilfe" im folgenden Kapitel.)
In Deutschland verklagte der Tourist daraufhin den
Reiseveranstalter. Doch das Gericht wies die Klage ab.
Vorfälle dieser Art gehörten in der Karibik zum
allgemeinen Lebensrisiko, erklärte der Richter.*

Gesundheits-pflege

Grundlagen

Literaturtipp

„Selbstdiagnose und Behandlung unterwegs"

von Dr. Dürfeld und Prof. Dr. Rickels, Reise Know-How Verlag, Bielefeld

Die Weltgesundheitsorganisation WHO definiert Gesundheit als „Zustand vollkommenen körperlichen, geistigen und sozialen Wohlbefindens". In den meisten Tropenländern stößt man auf Scharen von Menschen, die dieses Ideal offensichtlich nicht erreicht haben. Andererseits treten viele Individuen hervor, die den Kriterien voll und ganz entsprechen: Muskelbepackte, gut aussehende Männer und schöne Frauen von ausgeprägter Feminität, dann wieder Oldtimer, die sogar im hohen Alter noch so fit sind, dass man geneigt ist, voller Unglauben einen Blick in ihre Geburtspapiere zu werfen – so sie welche haben. Natürlich ist in allen diesen Fällen ein darwinistischer Ausleseprozess am Werk, der die Tüchtigsten überleben lässt und das statistische Zahlenmaterial auf Niedrigniveau hält. Dennoch darf die Aufzählung diverser, zum Teil sehr gefährlicher Krankheiten in diesem Kapitel nicht dahingehend interpretiert werden, dass es in den Tropen von ebendiesen Leiden wimmelte und dass man ein hohes Risiko liefe, sich eine dieser Krankheiten einzufangen und nur dank Darwin unbeschadet davonkäme. Die nachstehenden Beschreibungen der häufigsten Krankheiten sollen die Diagnose erleichtern und erste Behandlungshinweise geben.

Man halte sich vor Augen, dass die in den Tropen lebenden Menschen auch mal zum Arzt müssen. Manche Länder der Dritten Welt haben ein geradezu vorbildliches Gesundheitssystem. Nach den Kriterien der WHO (2001) steht zum Beispiel Oman an welterster Stelle und Deutschland mit Position 41 nur einen Punkt

Versicherung

Für medizinische Behandlungen im Ausland sollte man eine spezielle Versicherung, eine Auslandsreisekrankenversicherung, abschließen. Im Internet kann man die Preise und Leistungen mehrerer Gesellschaften vergleichen, beispielsweise unter www.einsurance.de

vor der Dominikanischen Republik. In zahlreichen Staaten sind die Dienste zwar nicht auf medizinisch höchstem Stand, dafür aber kostenlos oder – nach hiesigen Verhältnissen – spottbillig. Der Patient muss vor Ort entscheiden, ob er sich den Gegebenheiten anvertrauen möchte. Ein „Blinddarm" ist selbst im tiefsten Busch machbar.

Eine Liste deutschsprachiger Ärzte im Ausland gibt's im Internet, siehe Anhang. Im Internet-Lexikon des Centrums für Reisemedizin erfährt man viel über Gesundheitsrisiken in den meisten Urlaubsländern: www.crm.de

Die Stiftung Warentest hilft überdies mit einem Fax-Abrufservice, Fax (0 30) 2 30 83 95 60, die nächste reisemedizinische Beratungsstelle in der Nähe des Anfragenden ausfindig zu machen.

Henna

Bemalungen der Hände, in muslimischen Ländern üblich, sollten Touristinnen nicht vornehmen lassen, weil die im verwendeten Pflanzensaft enthaltene Chemikalie PPD zu schweren Ekzemen und lebenslangen Markierungen und Allergien führen kann. Henna im Haar ist sogar krebsverdächtig. Der Farbstoff „Lawson" löst womöglich Zellveränderungen aus.

Gesundheitspflege

O33tr Abb.: rh

◄ *Gesund und munter trotz hohen Alters*

Krankheiten und Beschwerden

- **Aids:** Natürlich ist das Akquirierte Immundefizienz-Syndrom keine „Tropenkrankheit". Die Immunschwäche Aids tritt aber überwiegend in tropischen Ländern auf, an erster Stelle in Schwarzafrika. Wer sich dort mit Einheimischen ohne Kondom (oder überhaupt) sexuell betätigt, spielt russisches Roulette. Eine medizinische Prophylaxe gegen Aids gibt es bislang nicht. Der Ausbruch von Aids als Folge einer viralen Infektion kann heute mit sehr teuren Medikamenten im Zaum gehalten werden. Diese Maßnahme wirkt jedoch nur lebensverlängernd und nicht -erhaltend. Die Krankheit als solche gilt weiterhin als unheilbar. In den nächsten 20 Jahren rechnet die WHO, sofern sich kein medizinischer Durchbruch ergibt, mit 70 Millionen Aidstoten, großenteils in Afrika.

- **Amöbenruhr:** Bei häufigen, mit Verstopfung wechselnden Durchfällen, denen letztlich Blut beigemengt ist, muss man auf eine Amöbenruhr tippen. Amöben werden durch mangelnde Hygiene übertragen und durch die Nahrung oder das Trinkwasser aufgenommen. Die Krankheit verläuft fieberfrei. Behandlung nach positiver Stuhluntersuchung durch den Arzt.

  Ein ganz ähnliches Krankheitsbild, aber mit Fieber, deutet auf eine bakterielle Ruhr hin. Die Behandlung ist die gleiche.

- **Bakterielle Ruhr (Shigella):** Siehe Amöbenruhr.

- **Bilharziose (Schitosomiasis)** wird durch winzige Saugwürmer in stehendem Süßwasser übertragen, denen wiederum kleine Schnecken als Wirt dienen. (In einem rauschenden Gebirgsbach ist nichts zu befürchten.) Die in vielen tropischen Ländern vorkommenden Erreger dringen schmerzlos (aber einigen Juckreiz auslösend) durch die Haut in den menschlichen Körper und können dort nach eingänglich relativ milden Symptomen (Blut im Stuhl und/oder Urin, Bauchkrämpfe, Fieber) zu schweren organischen Schäden oder gar zum Tod führen. Behandlung (nach mikroskopischer Untersuchung) durch den Arzt.

● **Cholera:** Die schwere Darminfektion mit wütenden, trübem Wasser ähnelnden Durchfällen tritt im Zeichen nachlässiger Hygiene tropenweit epidemisch auf, ist jedoch längst nicht mehr so gefürchtet wie einst, als sogar Deutschland letal betroffen war. Deshalb (und wegen relativ geringer Effektivität) ist die allgemeine Impfpflicht gegen die Krankheit abgeschafft worden, wenngleich manche (afrikanischen) Länder sie sporadisch weiterhin verlangen. Wer sichergehen will, kann sich heute mittels einer 6 Monate lang wirksamen Schluckimpfung schützen und den Vorgang in den Impfpass eintragen lassen. (Der dafür eingesetzte Impfstoff ist in Deutschland nicht zugelassen. Er kann aber völlig legal über Apotheken beschafft werden.)

Einen ersten Verdacht auf Cholera gibt ein simpler Kneiftest: Die eingekniffene Haut bleibt als steifer Wulst stehen. Zur Behandlung dient Chloramphenicol. Da man durch den extremen Dünnpfiff enorm viel Körperflüssigkeit verliert, ist für literweise Wasserzufuhr zu sorgen, vorzugsweise über Infusionen. Falls diese nicht zur Verfügung stehen, muss der Kranke reichlich Wasser mit etwas Zucker und Salz trinken.

● **Dengue-Fieber:** Wie Malaria, mit der es oft verwechselt wird, übertragen Moskitos diese Fieberkrankheit, die sich in jüngster Zeit stark verbreitet hat. Sie beginnt mit plötzlichem hohem Fieber, oft mit Schüttelfrost, starken Glieder- und Kopfschmerzen und einem allgemeinen, schweren Krankheitsgefühl. Nach 3–4 Tagen stellt sich eine temporäre Besserung ein, der erneutes Fieber und zumeist starker Hautausschlag (nicht im Gesicht) folgen. Es gibt kein spezifisches Mittel gegen Dengue. Deshalb muss die Krankheit symptomatisch mit Bettruhe, viel Flüssigkeit und Paracetamol (nicht Aspirin® bzw. ASS) behandelt werden. Sie ist dann, sofern sich der Patient ansonsten in guter Konstitution befindet, nach einigen Tagen überstanden.

- **Durchfall** definiert sich als wässriger Stuhlgang. „Montezumas Rache" entgeht kaum ein Tropenreisender. Das liegt nicht unbedingt (nur) an mangelnder Hygiene, sondern an der allgemeinen Umstellung auf eine andere Lebens- und Ernährungsweise. Wichtig ist dabei vor allem, den entstehenden Flüssigkeitsverlust aufzufangen. Man ruhe sich aus, trinke viel (Wasser mit etwas Zucker und Salz = „Elektrolyt", Tee) und faste, um bei einiger Besserung auf leichte, aber energiereiche Kost überzugehen. Bei zusätzlichem

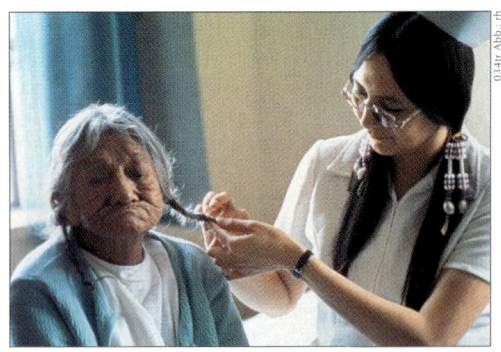

▶ *Krankenfürsorge gibt es überall*

Erbrechen und Fieber liegen wahrscheinlich ernstere Ursachen vor. Dann zum Arzt.

Ein „Wald- und Wiesendurchfall" darf nicht mit Antibiotika behandelt werden. Dennoch werden sie oft genommen, verschrieben sogar. Wenn es anschließend zu chronischen Verdauungsstörungen kommt, ist die Darmflora wahrscheinlich durch die Antibiotika geschädigt worden. Der Verzehr von viel Jogurt mit lebenden Bakterien führt zur Normalisierung. In extremen Fällen mag medikamentöse Nachhilfe angesagt sein. (Gängige Mittel siehe weiter hinten: „Reiseapotheke".)

- **Dysenterie** ist Durchfall mit Blut und Schleim und deutet auf eine Amöbenruhr hin (s. S. 80).

- **Erkältung:** Man kann sich in den Tropen eher erkälten, als man denkt, und dann kommt's zumeist richtig dicke. Zur Verhütung halte man stets Distanz zu Klimaanlagen und schnell laufenden Ventilatoren und lasse sich nicht nassregnen. Behandlung: Aspirin® (1–2 x am Tag), viel trinken, bei Appetit reichlich essen. Scharfe Kost, in den Tropen nicht unüblich, regt die Schleimhäute an, mehr Flüssigkeit abzugeben. Dadurch werden Erreger ausgeschwemmt. Vitamin C ist nur zur Vorbeugung nützlich, 12 Stunden nach Auftreten der ersten Symptome wirkt es nicht mehr.

- **Fieber** ist das Merkmal einer Infektion, auf die der Körper in Selbsthilfe mit Temperaturerhöhung reagiert. Generell sollte man dem Fieber deshalb seinen Lauf lassen und nur, ähnlich wie bei der Erkältung, die Symptome behandeln: Aspirin®, viel trinken, wenig essen. Kühle Wadenwickel setzen hohes und als solches gefährliches Fieber herab, bei schwerem Fieber wird Ganzkörperkühlung erforderlich. Eine milde Massage tut gut.

Gesundheitspflege

- **Fischvergiftung (Ciguatera):** Das harmloseste, was einem nach dem Genuss giftiger Fische widerfahren kann, ist furchtbares Bauchgrimmen. Grundsätzlich sollte man nach einer Fischvergiftung durch das Trinken großer Mengen Wassers Erbrechen herbeiführen, um den Magen auszuräumen. Im spezifischen Fall Ciguatera, hervorgerufen durch normalerweise einwandfreie Fische, die aber durch den Verzehr giftiger Beute selbst giftige Eigenschaften annahmen, können Lähmungen, Umkehrung des Temperaturempfindens und Schlimmeres folgen. Das Mittel Anticholinesterase (Neostigmine®) wird, obwohl es eigentlich ganz andere Aufgaben hat, mit dem Problem scheinbar fertig. Vielleicht sollte man eine Notration davon immer in der Reiseapotheke haben.

- **Gelbfieber:** Als gelbfiebergefährdet gelten das tropische Südamerika von Panama bis Bolivien (mit Ausnahme des pazifischen Küstenstreifens und Ostbrasilien südlich von Recife), sowie das gesamte tropische Afrika. Die Viruskrankheit wird durch Moskitos übertragen und beginnt in der Norm mit hohem Fieber und Allgemeinsymptomen wie bei einer schweren Grippe, die nach 3–4 Tagen abklingen und dann, charakteristisch für die Krankheit, nach einer 1–2-tägigen Pause erneut einsetzen und sich mit einer Gelbsucht und Blutungen dramatisch verschlimmern. Spezifische Behandlungen gibt es nicht, man muss die Auswirkungen lindern und den Patienten intensiv pflegen. Eine überstandene Infektion, auch ohne klinische Symptome, hinterlässt eine lange bis lebenslange Immunität.

   Gegen Gelbfieber schützt eine prophylaktische Impfung, die sich bei Einreise in gefährdete Gebiete nicht nur dringend empfiehlt, sondern von vielen Ländern auch verlangt wird. Außerdem fordern zahlreiche Staaten die Vorlage einer gültigen Impfbescheinigung, falls Passagiere aus Gelbfieberregionen (einschließlich dortiger Zwischenlandungen!) bei ihnen einreisen wollen. Eine Impfung ist 6 Wochen vor Reiseantritt vorzunehmen. Sie bleibt 10 Jahre lang gültig. Impfstationen gibt es in allen größeren deutschen Städten.

- **Giftschlangenbiss:** Kommt viel seltener vor, als allgemein geglaubt. Giftige Schlangen haben zwar zwei Fangzähne und ungiftige Reptilien nicht, im Notfall kann man einen Biss aber nicht unbedingt klar zuordnen, es sei denn, das Reptil würde als ungiftig erkannt. Man sollte also grundsätzlich von einem giftigen Biss ausgehen und danach handeln. Dazu gehört, dass man die gebissene Stelle großflächig stramm (aber ohne die Blutzirkulation gänzlich abzuschnüren) abbindet, um die Verteilung des Giftes zu verlangsamen, und das betroffene Glied ggf. schient. Schockbehandlung (Patienten mit erhöhten Beinen lagern, warm zudecken, bei Schmerzen Paracetamol (kein Aspirin® oder ASS) verabreichen, beruhigend auf das Opfer einwirken). Kein Alkohol! Sofort medizinische Hilfe suchen. Der Patient muss unbedingt ins Krankenhaus, wo u. a. eine Tetanusimpfung fällig ist.

Literaturtipp
*„Was kriecht und krabbelt in den Tropen?"
von Reto Kuster, Reise Know-How Verlag, Bielefeld*

Gesundheitspflege

Das Aufschneiden und Aussaugen (auch mit Saugsets) der Bissstelle bringt nur etwas, wenn diese Maßnahmen innerhalb von Sekundenfrist stattfinden. (Früher schoss man den Einstich einfach weg, ganz schön mutig.) Auch darf der Saugende keine Verletzungen an Mund und Lippen haben, da er das Gift sonst selber in die Blutbahn bekommen würde. Dieses Vorgehen ist aber ohnehin umstritten, weil das Gift der Schlange ja regelrecht injiziert wird und sofort in den Kreislauf eingeht. (Zum Vergleich: Die Chancen, nach einer Impfung wieder den Impfstoff aus dem Körper zu entfernen, sind verflixt gering.) Die meisten Medizinbücher führen solche Methoden deshalb gar nicht erst auf. Auch die Empfehlung, ein Gegengift zu verabreichen, ist von zweifelhaftem Wert, denn die Seren müssen kühl gehalten werden und variieren zudem von einer Schlangenart zur anderen (die dann auch noch zu identifizieren wäre). Das Verfahren ist also nicht sehr praxisnah und empfiehlt sich eigentlich nur für Menschen, die häufiger mit Schlangen zu tun haben und auf das richtige Gegenmittel innerhalb von Minuten zurückgreifen können.

- **Hepatitiden:** Gegen die häufigste Erscheinungsform, die **Virus-Hepatitis A,** kann man sich immunisieren lassen (Dreifachimpfung mit Havrix®; von den bisherigen Immunglobulinen ist man abgekommen). Mediziner empfehlen eine Prophylaxe allerdings nur für längere oder häufigere Aufenthalte in den Tropen. Bei der durch mangelnde Hygiene ausgelösten Erkrankung handelt es sich um eine Leberentzündung. Sie beginnt unspezifisch mit Übelkeit und Erbrechen, Fieber, Appetitverlust und Gliederschmerzen und kann sich nach einer Woche zu einer Gelbsucht fortsetzen. Zwei bis vier Wochen später klingt die Krankheit von selbst ab und hinterlässt nach vollständiger, folgenloser Heilung wahrscheinlich eine lebenslange Immunität. Behandelt wird symptomatisch mit strikter Bettruhe, energiereicher Kost mit hohen B-Vitamin-Anteilen (Melasse ...) und feuchtwarmen Leberwickeln. Vorsicht – während der akuten Phase herrscht hohe Ansteckungsgefahr! Der Kranke muss deshalb möglichst isoliert werden. Alkohol ist auf lange Dauer zu meiden.

Die Hepatitiden B und C gelten vor allem als gefährliche Problematik der Drogenszene. Gegen B kann man sich immunisieren lassen; gegen C, die weltweit, namentlich in Entwicklungsländern, gut 300 Millionen Mal vertreten ist, gibt es keine Prophylaxe.

Hepatitis E verläuft ähnlich wie A, aber leichter. Eine Gefahr besteht nur für Frauen bei Erstinfektion im letzten Drittel einer Schwangerschaft. Schutzimpfung: keine.

- **Lepra:** Der grässliche „Aussatz" hat seine Schrecken weitgehend verloren. Das erste Anzeichen eines Befalls ist beginnender Gefühlsverlust an Händen und Füßen und eventuell helle, große Flecken auf der Haut. Eine Infektionsgefahr besteht aber ohnehin nur für Menschen, die langen und intensiven Kontakt mit Kranken hatten, und selbst dann ist die Krankheit heute heilbar.

- **Malaria (Wechselfieber):** 40 Prozent der Weltbevölkerung lebt in Malariagebieten, die sich zudem ständig ausweiten. Mindestens 400 Millionen Menschen haben die Erreger (Plasmoiden) im Blut, die durch den Stich von Anopheles- und einigen weiteren Moskitoarten übertragen werden. Ganze Völkerschaften infizieren sich jedes Jahr neu. Mindestens eine Million Infizierte sterben jährlich an der Krankheit, die in drei Formen auftritt, von denen die Malaria tropica (im Ausland ist der Ausdruck Falciparum-Malaria gebräuchlicher) den schwersten und nicht selten tödlichen Verlauf nimmt. Bei periodischem (alle 2–3 Tage) Auftreten von hohem Fieber und Schüttelfrösten muss man immer an eine Malaria denken. Auch grippeartige, fiebrige Symptome geben einen entsprechenden Hinweis, der nicht bagatellisiert werden darf. Auf alle Fälle muss bei

Gesundheitspflege

Nachlassender Malaria-Schutz

Der Kampf der Mediziner und Pharmazeuten gegen die Erreger erscheint verloren, denn nicht nur die Resistenzen haben gegen alle gebräuchlichen Mittel immer mehr zugenommen. Seltsam mutet an, dass mehrere mit großer Fanfare angekündigte medikamentöse Durchbrüche wieder ganz still im Sande verliefen – will man die Malaria vielleicht gar nicht ausrotten? Auch die gegen die Insekten selbst eingesetzten Insektizide haben ihre Wirkungskraft großenteils eingebüßt und eher zu schwersten Schäden an Lebensformen geführt, die nichts mit dem Einsatz zu tun hatten, zum Teil sogar Intimfeinde der Mücken sind. Jetzt erhoffen sich die Biologen einen finalen Ausweg aus der Krise über genmutierte Moskitos – wobei Risiken und Nebenwirkungen so gut wie unbekannt sind und eventuell zu Folgen führen, die alles noch viel schlimmer machen.

Malariaverdacht eine Blutuntersuchung vorgenommen werden, auf die jede noch so primitive Krankenstation in den Tropen vorbereitet ist. Man kann auch in heimischen Apotheken ein nicht ganz billiges Schnelltestgerät (MalaQuick®) kaufen, das ohne Mikroskopie eine Diagnose ermöglicht (Infos unter: www.Med-Diagnostics.com).

Bei positivem Befund hat eine sofortige Behandlung einzusetzen. Die empfohlenen Mittel variieren je nach geografischer Region (s. u.). Hier handelt es sich nur um einen Noteinsatz mit einem so genannten Standby-Präparat. Intensive Weiterbehandlung im Hospital ist dringend angeraten. Außerdem sollte man sich bei heimischen Ärzten oder im Internet (s. o.) über die Entwicklungen in Sachen Malaria auf dem Laufenden halten.

Die beste Medizin ist offenbar bis auf ein fernes Weiteres, sich nicht stechen zu lassen. Das gelingt einem, zumindest während der Ruhezeiten, am ehesten durch konsequente Verwendung eines Moskitonetzes in gefährdeten Gebieten. Auch ein Ventilator tut gute Dienste, denn Luftbewegung mögen Moskitos überhaupt nicht. Das Tragen hellfarbiger, am besten weißer Kleidung (inkl. der Socken) ist vorteilhaft gegenüber dunkler, die für Moskitos anziehender wirkt. Ebenso ist kühle Haut für die Mücken unattraktiver als heiße. Rauch vom offenen Feuer hält die

Plagegeister effektiv fern, doch man leidet selbst kräftig mit. Hilft dies alles nicht, so muss auf das Auftragen von chemischen Einreibemitteln zurückgegriffen werden. Diese sollte man im Reiseland besorgen, wo die Zusammensetzung am ehesten den Anforderungen entspricht. Vorzugsweise reibe man die Kleidung statt der Haut damit ein, denn alle diese Mittel sind schwer giftig. (Auch mal Pfefferminzöl versuchen. Indische Forscher haben damit spektakuläre Erfolge erzielt.)

Ansonsten kommt man um chemoprophylaktische Maßnahmen nicht herum, wenn man auf Nummer Sicher gehen will. Dabei ist jedoch mit mehr oder minder heftigen Nebenwirkungen zu rechnen.

Der richtige Einsatz des Moskitonetzes

Im Kampf gegen die Malaria hat die WHO weltweit Millionen Moskitonetze gratis verteilt. Diese sind mit einem Insektizid imprägniert, das die Mücken davon abhält, einen Schläfer, dessen Körperteile direkt am Netz ruhen, durch die Maschen zu stechen. Solche Netze, die es auch im Handel gibt, sind die besten. Ist so ein Schutz nicht vorhanden, besorge man sich ein genügend geräumiges Netz, das direkte Körperkontakte mit den Maschen ausschließt. Besteht diese Gefahr dennoch, sollten diese Körperpartien bekleidet oder von einem Laken bedeckt sein. Sorge ist ebenfalls dafür zu tragen, dass das Netz nicht über Nacht freigestrampelt wird. Zu diesem Zweck stopfe man die Säume fest unter die Matratze oder beschwere sie (z. B. mit Gepäck) und vergewissere sich bei gelegentlichem Wachwerden, dass noch alles in Ordnung ist. Zusätzlich einen Ventilator auf das Netz zu richten, verdoppelt die Sicherheit.

Löcher im Netz müssen unbedingt geschlossen werden, denn die Moskitos werden diese Schwachstellen mit Sicherheit orten und in das Netz eindringen. Improvisieren kann man für eine Nacht, indem man Toilettenpapier in kleinere Löcher stopft. Besser ist natürlich Verkleben (Heftpflaster) oder Vernähen. Zu empfehlen ist stets das Mitführen eines eigenen Netzes, um gegen solche Überraschungen gewappnet zu sein.

Gesundheitspflege

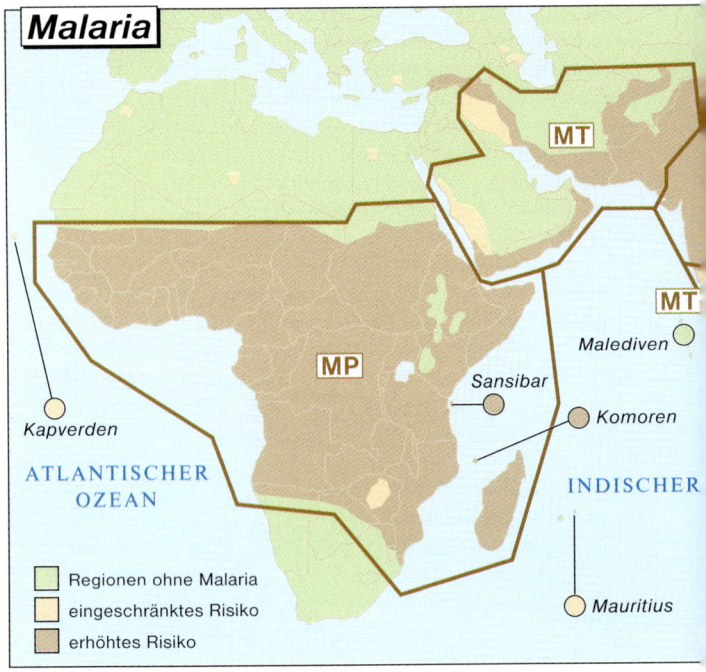

Da die Risikozonen weltweit variieren, sind je nach Reiseland verschiedene Medikamente erforderlich. Zur Vorabinformation sind auf den Karten die Empfehlungen der Deutschen Gesellschaft für Tropenmedizin und Internationale Gesundheit eingetragen, Stand 2002.

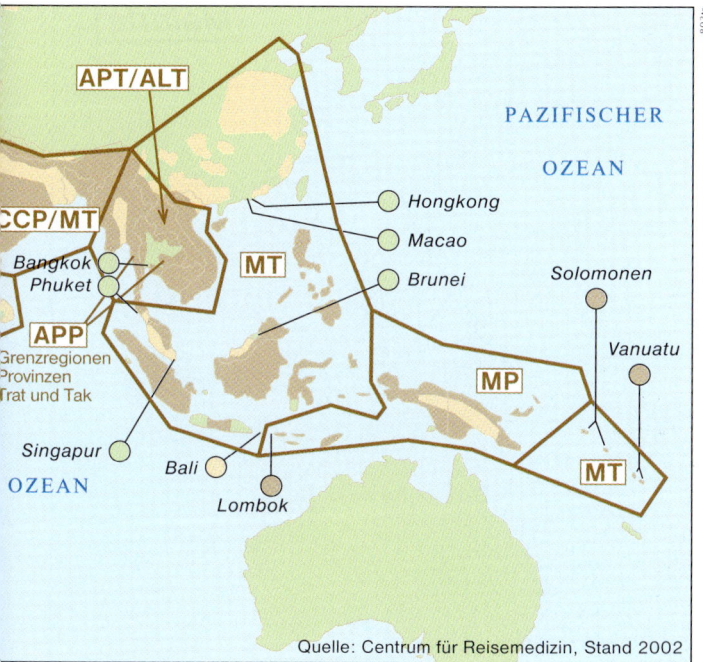

Quelle: Centrum für Reisemedizin, Stand 2002

Gesundheitspflege

- **Zone MP:** Mefloquin (Lariam®) zur Chemoprophylaxe.
- **Zone APP:** Atovaquon/Proguanil (Malarone®) zur Chemoprophylaxe.
- **Zone CPP/MT:** Chloroquin + Proguanil zur Chemoprophylaxe, Mefloquin (Lariam®) zur Notfalltherapie.
- **Zone APT/ALT:** Keine Chemoprophylaxe empfohlen. Atovaquon/Proguanil (Malarone®) oder Arthemeter/Lumefantrin (Riamet®) zur Notfalltherapie.
- **Zone MT:** Keine Chemoprophylaxe empfohlen. Mefloquin (Lariam®) zur Notfalltherapie.
- **Zone CT:** Keine Chemoprophylaxe empfohlen. Chloroquin zur Notfalltherapie.

Malaria

BfJ41r

CT

ATLANTISCHER
OZEAN

Rondônia
Roraima
Acre
MP

MT

PAZIFISCHER

OZEAN

☐ Regionen, in denen Malaria nie existierte, verschwand
oder ausgemerzt wurde

☐ Regionen mit eingeschränktem Risiko

☐ Regionen mit erhöhtem Risiko

Quelle: Centrum für Reisemedizin, Stand 2002

- **Reisekrankheit:** Schaukelei kann einem manche lustige Seefahrt verleiden; manche Leute werden auch schon im Flugzeug seekrank. Man lasse sich vor der Reise vom Arzt ein Gegenmittel verschreiben und nehme es rechtzeitig ein. Laut Öko-Test ist das Mittel Emesan® aus der Apotheke zu empfehlen. Im Ausland ist Bonamine® eine gängige Marke. Das viel gepriesene Naturmittel Ingwerwurzel hat sich in Tests als unwirksam erwiesen.

- **Schlafkrankheit (Human African Trypanosomiasis = HAT):** Dieses durch die Tsetse-Fliege des tropischen Afrika übertragene Leiden wird bei Europäern nur außerordentlich selten diagnostiziert. Eine Behandlung der Krankheit, die im fortgeschrittenen Stadium in der Tat zu Schlafsucht und letztlich zum Tod führt, ist ohne weiteres möglich, aber nur in gut ausgerüsteten Kliniken und mit teuren Medikamenten. Eine Prophylaxe gibt es nicht.

- **Skorpionstiche und Spinnenbisse** sind grundsätzlich gefährlich. Vor allem für Kinder. Sie können aber auch den stärksten Mann umhauen. Die potenziell tödlichen Skorpione, etwa zwei Dutzend von mehr als 1400 Arten, bewohnen den heißen Gürtel von Nordafrika bis Indien sowie Mexiko und das tropische Brasilien. Die giftigsten Spinnen gibt es in Australien (Trichternetzspinnen). Bei Kontakt, der sehr schmerzhaft sein kann (oder auch gar nicht, je nach Art), sofort zum Arzt. In der Zwischenzeit die Wunde mit Eis oder Kaltwasser kühlen. Aspirin® gegen Schmerzen, evtl. Schockbehandlung und Beruhigungsmittel. Bei länger anhaltenden Schmerzen und Taubheitsgefühl Heißwasserbäder anwenden. Purpurn gefärbter Urin deutet auf den (schmerzlo-

Gesundheitspflege

sen) Biss der Braunen Spinne hin. Zum Arzt, denn wahrscheinlich ist eine spezifische Nierenbehandlung erforderlich. Prinzipiell empfiehlt sich, Kleidung, Schuhe und Bettstätten auf Getier zu prüfen, bevor man hineinschlüpft.

- **Sonnenbrand:** Mehr Sonne, mehr Gefahr. Sorgsamer Schutz (Lotionen, Schatten) ist allemal zu empfehlen, denn jeder Sonnenbrand kann den Keim für die Entstehung von Hautkrebs legen. Kommt es dennoch zu einer Verbrennung, so nehme man ein kühles Duschbad und trage eine milde Salbe wie Nivea oder ein Talcumpuder auf. Jetzt muss man der Sonne allerdings endgültig fernbleiben, sonst wird's wirklich brenzlig.

Elefantenohr

Das riesige Blatt einer wild wachsenden Knolle des tropischen Asien gibt einen vorzüglichen Regen- und Sonnenschutz ab.

- **Sonnenstich (Hitzschlag):** Diese hitzeinduzierten Gesundheitsprobleme können ohne Gegenmaßnahmen sogar zum Tod führen. Sie kommen durch aufgestaute Hitze im Körper in Gang und äußern sich im fortgeschrittenen Stadium mit einer Unterbrechung der Schweißproduktion, heißer, trockener Haut, schweren Kopfschmerzen und Erbrechen. Der Patient muss dann sofort im Schatten gelagert und es sollte möglichst seine Temperatur kontrolliert werden. Steigt diese auf sehr hohe Werte (über 40,6°) an, ist die vorsichtige (nicht zu rasche) Anwendung von kühlen, bei weiterem Fieberanstieg kalten Umschlägen und unter Umständen sogar Kaltwassergüssen oder Eis erforderlich. Ärztliche Hilfe suchen!

Hitze ertragen

Ein schwüler Tropentag lässt sich statt mit wiederholten Bädern besser ertragen, wenn man bei untätigem Sitzen eine Hand und den Unterarm in eine Schüssel mit kühlem Wasser legt.

Reiseapotheke

*Manche Touristen schleppen einen ganzen Koffer voll Medikamente mit.
Das ist nicht erforderlich, zumal fast alle Arzneien im Notfall auch in Drittweltländern erhältlich sind. Wer sie in renommierten Drugstores oder in
Arztpraxen besorgt, läuft geringe Gefahr, einem gefälschten Mittel aufzu-
sitzen, wie ambulante Händler sie mancherorts verhökern.*

*„Für alle Eventualitäten ausgerüstet zu sein, ist prinzipiell nicht möglich",
warnt das Centrum für Reisemedizin (CRM) und gibt die folgende (hier leicht
modifizierte) Empfehlung „für den üblichen Bedarf und für kleinere Notfälle":*

❑ *Verbandsmaterial: je 1 Mullbinde 4, 6 und 8 cm breit; 1 Päckchen steriler
Verbandsmull; Watte; je 1 Rolle Wundpflaster 4 und 6 cm breit;
Heftpflaster 1,25 und 2,5 cm breit, je 1 Rolle*
❑ *Elastische Binden, je 8 und 10 cm breit*
❑ *Fieberthermometer*
❑ *kleine Schere*
❑ *Splitterpinzette*
❑ *Medikamente zur äußeren Anwendung: antiseptische Wundsalbe oder
Lösung (z. B. Polyvidon-Jod); Antihistaminsalbe gegen Insektenstich-
reaktionen; Corticosteroid-Creme; Augentropfen gegen Bindehautent-
zündung; Ohrentropfen gegen Gehörgangsentzündung*
❑ *Medikamente zur inneren Anwendung: einfaches Mittel gegen Schmerzen,
Fieber, Entzündungen (z. B. Aspirin®, Paracetamol); krampflösendes
Mittel (z. B. N-Butylscopolaminbromid); Durchfallmittel (Elektrolyte,
spez. Kaliumchlorid-Tabletten, OTC-Präparate, Loperamid, evtl. ein
Chinolon-Präparat)*
❑ *Medikamente, die unabhängig von der Reise regelmäßig benötigt werden*
❑ *Ersatzbrille für Brillenträger*
❑ *Sonnenbrille*
❑ *Sonnenschutzmittel*
❑ *Malariamittel bei Reisen in gefährdete Gebiete*

Zum Thema Antibiotika

Ein machtvolles und natürliches Antibiotikum ist Knoblauch.

Gesundheitspflege

- **Tetanus (Wundstarrkrampf):** Diese schwere Erkrankung ist keineswegs auf die Tropen beschränkt, sondern kann überall dort in Erscheinung treten, wo das auslösende Bakterium vorkommt – auch hier zu Lande. Es wird durch Wunden aufgenommen, die so winzig sein können, dass man sie überhaupt nicht bemerkt, und führt zu Körperstarre (mit Schluckbeschwerden und Nackensteife beginnend), Krämpfen und Tod. Eine problemlose Schutzimpfung bewahrt vor diesem Schicksal, das bei in Gang geratener Infektion selbst in den besten Kliniken nur selten abgewendet werden kann. Jeder Reisende sollte gegen Tetanus schutzgeimpft sein. Schwangere schützen dieserart auch das ungeborene Kind.

  Die einzige Sofortmaßnahme im Feld besteht in intensivem Waschen einer Wunde mit abgekochtem Wasser und Seife. Als nächstes ist von Ungeimpften sofort ärztliche Hilfe zu suchen, allerspätestens bei Auftreten krampfartiger Erscheinungen.

- **Tollwut (Rabies):** Es gibt auf der Erde mit Ausnahme der Südsee keine völlig tollwutfreie Region. Die Gefahr, an ein tollwütiges Tier (Hund, aber nicht nur) zu geraten, ist jedoch in den Tropen größer als andernorts, wo Haustiere gegen die Krankheit geimpft sind. Dennoch darf man die Wahrscheinlichkeit des Gebissenwerdens nicht zu hoch werten. Das Risiko wird allein schon dann vermindert, wenn man sich nicht zu intensiv mit Hunden und anderen kleinen Lieblingen abgibt. Bei unverletzter Haut ist auch bei Begeiferung mit keiner Infektion zu rechnen.

  Wer gebissen wurde, muss sofort damit beginnen, die Wunden mit Wasser und Seife, möglichst auch mit Wasserstoffsuperoxyd auf das Sorgfältigste zu säubern. Immer wieder wird geraten, das beißende Tier einzufangen und zu beobachten. Das ist in der Praxis (während Einheimische grinsend zuschauen) aber so gut wie nie machbar. Außerdem kann man bei dem Bemühen erst recht gebissen werden oder auch an das falsche Viech geraten. Ein Verletzter sollte von der Möglichkeit einer Infektion ausgehen und sich so rasch wie möglich gegen Tollwut impfen lassen. Generell wird eine Zeitspanne von bis zu zehn Tagen empfohlen, während derer die Impfung stattzufinden hat; 3–4 Wochen gelten als äußerste, bereits riskante Obergrenze. Da das nötige Serum in tropischen Kliniken nicht immer vorhanden ist, zumal es dauergekühlt werden muss, begebe man sich unverzüglich auf die Suche nach einem entsprechend ausgerüsteten Hospital, schon um eine verlässliche Diagnose zu erlangen. In den Großstädten aller Länder wird man ein solches vorfinden (ggf. an Botschaft wenden). Notfalls muss man nach Hause (oder in ein anderes „Erstweltland") fliegen; auf die Kosten dürfte es bei einer Frage um Leben und Tod dann auch nicht mehr ankommen.

Umgang mit Hunden

„Nur ein Hund streichelt einen Hund", lautet ein türkisches Sprichwort. Und: „Wer einen Hund liebt, muss auch seine Flöhe lieben", sagen die Bantu. Einen Straßenköter zu liebkosen und anschließend einem Kind über den Kopf zu streichen, ist ein unverzeihliches Sakrileg.
Eine bedrohlich kläffende Meute von Hunden kann man verscheuchen, indem man sich vor ihr – verbeugt. Denn die Hunde wissen aus Erfahrung: Jemand, der sich bückt, hebt einen Stein auf, der gleich darauf trifft und höllisch weh tut.
Nützt die Verbeugung nichts, muss der Stein folgen, sonst kann es zur Attacke kommen.

Die WHO empfiehlt vor Fernreisen in besonders gefährdete Gebiete eine Schutzimpfung gegen Tollwut. Diese besteht aus drei Injektionen über 22 Tage hinweg. Wer die Krankheit fürchtet, sollte diesen Impfschutz ernsthaft in Erwägung ziehen.

Gesundheitspflege

Literaturtipp

*„Gesund bleiben
auf Reisen –
Der Ratgeber
zur Vorsorge und
Vorbeugung"
von Dr. Schrörs,
Reise Know-How
Verlag, Bielefeld*

- **Typhus:** Unter den verschiedenen Fieberinfektionen ist Typhus die gefährlichste, und zwar wegen des lange andauernden und hohen Fiebers, das alle Körperfunktionen schwächt.

  Die durch Salmonellen ausgelöste Darmkrankheit beginnt mit schweren grippeartigen Erscheinungen und stetig steigendem Fieber, das bald über 40 Grad Celsius erreicht. In der 3. Woche gehen Fieber und andere Signale allmählich zurück und die Krankheit ist überstanden – im günstigsten Fall.

  Zur Behandlung wird Chloramphenicol oder Ampicillin gegeben und eine Senkung des Fiebers angestrebt (Wadenwickel). Eine Einlieferung ins Krankenhaus empfiehlt sich allemal.

  Eine Schluckimpfung mit Typhoral L® sollte man bei Reisen in Länder mit niedrigem Hygienestandard erwägen. Einen hundertprozentigen Schutz gewährt auch sie allerdings nicht.

- **Verstopfung:** Das Problem mit einer Verstopfung ist auf Reisen fast so häufig wie Durchfall. Viel trinken (vor allem Kokoswasser) und täglich Papayas auf dem Speiseplan schafft Abhilfe. Eine medikamentöse Behandlung sollte nur bei chronischen Problemen erfolgen.

- **Wundgescheuerte Hautpartien:** „Roter Hund" nennt sich das sehr schmerzhafte Wundreiben verschwitzter Hautpartien. Zinkoxidsalbe schafft umgehende Abhilfe, notfalls auch eine Paste aus Holzasche und Wasser.

- **Zahnschmerzen:** Ein auf die Sehne zwischen Daumen und Zeigefinger der linken Hand aufgebrachtes Eisstück bewirkt bei etwa 60 Prozent der Betroffenen, dass die Zahnschmerzen spürbar nachlassen.

Zusammenfassender Impf- und Prophylaxeplan

Impfungen

- *Cholera*

  Nur auf Verlangen des Einreiselandes

- *Gelbfieber*

  Bei Reisen in gefährdete Gebiete unumgänglich

- *Hepatitis*

  Im eigenen Ermessen, nicht zwingend erforderlich, bei Verbleib im Ausland von weniger als 4 Wochen generell nicht empfohlen

- *Tetanus*

  Dringend anzuraten

- *Tollwut*

  Wie Hepatitis

- *Typhus*

  Wie Hepatitis

Chemoprophylaxe

- *Malaria*

  Siehe Karte. Nicht nach dem Motto: „Kann ja nicht schaden", eine Prophylaxe vornehmen, wo von ihr abgeraten wird, denn das trägt zu weiteren Resistenzen der Erreger bei. Gut ist auf alle Fälle, das empfohlene Notfallmedikament dabei zu haben. Vor der Reise im Internet oder beim Apotheker noch einmal nachfassen.

  Merke: *Weder Prophylaxe noch Notfallpräparate bewahren grundsätzlich vor der Krankheit!*

Gesundheitspflege

007tr Abb.: rh

Gefahren

Gefahren

Die „gefährlichen" Tropen

Die Vorstellung, dass hinter jedem Busch Gefahren
dräuen, bestimmt schon aus historischen Gründen
weiterhin das Bild, das sich viele Bewohner unserer
Breiten von den Verhältnissen in der tropischen
Welt machen. Es ist die Angst vor der Andersartigkeit der dortigen Menschen, vor schlimmen Mikro-
ben, vor wildem Getier auf dem Land und im Meer,
vor Natur- und anderen Katastrophen, nicht zuletzt
aber auch vor dem Verlust der Absicherung und Be-
quemlichkeit, mit der man die gewohnte Existenz
verbindet. Diesem Buch liegt unter anderem die
Absicht zu Grunde, interessierten Tropenfahrern
diese Ängste zu nehmen, und zwar nicht durch Be-
schönigung, sondern durch bewusste Heraus- und
Klarstellung der Problematik und Bewältigungs-
szenarien.

Gefahren werden andererseits real, wenn die gerade auf Tropenreisen zu beobachtende Karnevals-
stimmung von Urlaubern zu leichtsinnigen Verhal-
tensweisen führt – alles geht. Jenseits der gewohnten Welt mit ihren Tausenden von Verboten und

035tr Abb.:rh

▶ *Alles hin: nach
einem Erdbeben*

Einschränkungen atmet der tropische Tourist tief durch und stürzt sich ins Abenteuer. Wenn wir mit unserem Bötchen kentern, fallen wir in fußwarmes Wasser, na und? Der Betrunkene mit der Knarre sei gewarnt – wir sind Bundesbürger! Den Hai füttern wir aus der Hand, so wie wir's im Fernsehen gesehen haben, und auf der Lavascholle des tobenden Vulkans reiten wir zum Jux dann auch gleich mit …

Naturgewalten

Erdbeben

Driftende Erdplatten sind Auslöser für die schlimmste Naturkatastrophe, die unser Planet im Programm hat. Nur wenige Regionen im Tropengürtel scheinen von der Erdbebengefahr verschont zu sein, aber ein totales Nullpotenzial gibt es nirgends. Die am stärksten gefährdeten Regionen sind in der Karte auf den nächsten Seiten dargestellt.

Der Mensch ist weitgehend hilflos, wenn die Erde wackelt. Fast alle Erdbebentoten, mitunter in die Hunderttausende gehend, wurden Opfer zusammenstürzender Häuser. Die Empfehlung, in schwankenden Gebäuden in Erwartung eines Kollaps Schutz unter Türrahmen oder Tischen zu suchen, ist bestimmt nicht die schlechteste, und ein offensichtlich angeschlagenes Bauwerk umgehend zu verlassen, die zweitbeste. Nachbeben können dem Hauptschlag folgen und geschwächten Gebäuden den Rest geben, was ein weiteres Verbleiben im Freien ratsam macht.

Die angerichteten Schäden verdreißigfachen sich übrigens von Punkt zu Punkt auf der gewöhnlich als Messlatte benutzten Richter-Skala. Man kann sich also vorstellen, was ein Beben der Stärke 8 anzurichten vermag.

Literaturtipp

„Survival-Handbuch Naturkatastrophen" von Matthias Faermann, Reise Know-How Verlag, Bielefeld

Erdbebengebiete und Vulkane

Vesuv
Baitoushan
Ätna Santorini
Unzen Fujiyar
Sakutra-jima
Nördlicher
Wendekreis
Pinatubo Mayon
Erta Ale
Kilimanjaro
Nyamuragira Oldoinyo Lengai Krakatau Agung
Merapi Tambora Ulawu
Réunion
Südlicher
Wendekreis

■ Besonders erdbebengefährdete Regionen
○ Einige in historischer Zeit tätige Vulkane
◉ Vulkane mit historisch wichtigen Eruptionen

Tsunamis

... sind durch Erd- und Seebeben ausgelöste Riesen-
wellen, die sich rasant über Tausende von Meilen
fortpflanzen und in Ufernähe Höhen von 30 Meter
und mehr erreichen können. Sie sind durch nichts
aufzuhalten und tödlich destruktiv. In den letzten
zehn Jahren sind ihnen mindestens 4000 Menschen
zum Opfer gefallen und man wird im Zeichen stär-
kerer Besiedlung von Küstenregionen noch mehr
von ihnen hören.

Vor Ort kündigt sich ein Tsunami durch massiv in
Tsunami Richtung See zurückfließendes Wasser an. Wer dies
Japanisch: beobachtet, hat noch höchstens 15 Minuten Zeit,
Welle im Hafen sich vor der eintreffenden Welle auf hoch gelege-

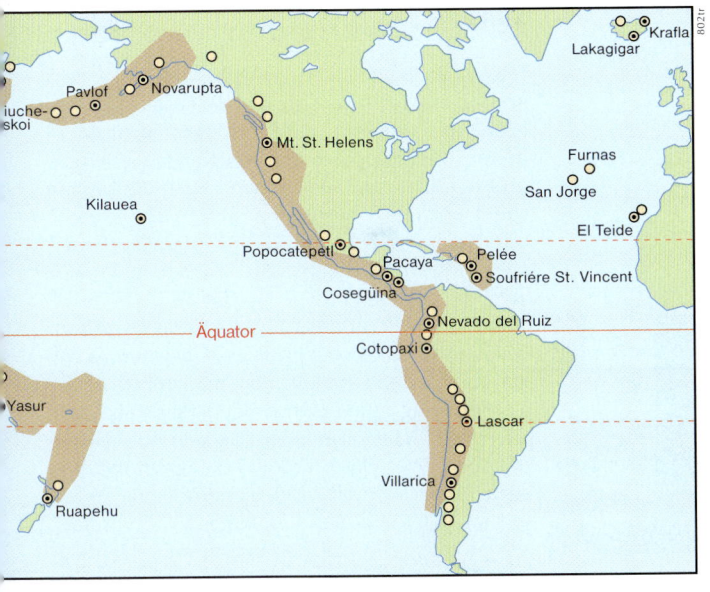

802.tr

Krafla
Lakagigar

Pavlof   Novarupta
iuche-
skoi

Mt. St. Helens

Furnas

San Jorge

Kilauea

El Teide

Popocatepetl
Pacaya   Pelée
Coseguïna   Soufriére St. Vincent

Äquator   Nevado del Ruiz

Cotopaxi

Yasur

Lascar

Villarica

Ruapehu

ner Warte in Sicherheit zu bringen. Eine weitere Möglichkeit ist, per Boot schnellstens die hohe See zu gewinnen, dort kann überhaupt nichts passieren. Hört sich zunächst paradox an, aber: Auf See ist die Welle nämlich nicht sicht- und fühlbar präsent. Sie eilt als riesig langer und ganz flacher Hügel dahin, von dem man auch auf einem Schiff nicht das Geringste bemerkt. Die in der Welle enthaltene Masse beginnt sich erst in unmittelbarer Ufernähe zu stauen und aufzutürmen, während immer mehr Wasser nachdrückt. Nur dort und dann wird die Sache gefährlich.

Der moderne Tsunami-Warndienst ist überaus präzise und verlässlich. Man sollte Warnungen unbedingt Folge leisten.

Vulkane

Ein großer Teil der aktivsten Vulkane der Welt liegt im Tropenbereich der Erde und die weitaus meisten in unmittelbarer Nähe der See. Mittelamerika, Indonesien, die Philippinen und Neuguinea weisen die größte Dichte auf. Dort fanden auch die bislang spektakulärsten Ausbrüche statt. Vulkanologen überwachen permanent die tückischsten Feuerspeier weltweit und zumeist wird adäquate Vorauswarnung gegeben.

In Gefahr begibt sich, wer auf einem Vulkan während seiner aktiven Phase herumklettert. Weniger durch einen Lavafluss, dem man günstigenfalls aus dem Weg gehen kann, sondern durch explosive Gas- und Ascheentladungen, die kein Ausweichen erlauben. Wer einen Vulkan erklimmen möchte, sollte immer erst mit Fachleuten Rücksprache halten, um den Ruhestatus des Berges zu überprüfen.

Man muss den globalen Vulkanismus allerdings auch in realen Dimensionen sehen. Wenn irgendwo ein Feuerberg überkocht, ist es absurd, deshalb ein ganzes Land auf den Index zu setzen. Beim Ausbruch des Pinatubo stornierten Hunderte von Reisenden ihren Philippinentrip. Das ist in etwa so, als wolle man nicht mehr nach Venedig reisen, weil der Ätna mal wieder brodelt.

Literaturtipp

„Vulkane besteigen und erkunden" von Jens Edelmann, Reise Know-How Verlag, Bielefeld

Wellen

Die höchste Windsee der Welt wurde 1944 von Bord des Tankers „Ramapo" in einem Taifun in der Philippinensee mit 34 Meter bestimmt, einem stattlichen Hochhaus entsprechend. Mit Sicherheit gibt es noch höhere Wellen. Für die Creme der Surfer sind solche Kaventsmänner der ultimative Traum, dem sie über den ganzen Globus nachjagen. Für Seefahrer und Segler beinhalten sie todesschwan-

Die gewaltigsten Ausbrüche

Als im Juni 1991 der bis dahin als erloschen geltende Pinatubo auf den Philip-
pinen ausbrach, wurden sieben Kubikkilometer Materie ins Freie geschleu-
dert. Es war in Bezug auf die freigesetzte Energie das gewaltigste Natur-
ereignis des 20. Jahrhunderts, obwohl dank zeitiger Warnungen die verhält-
nismäßig kleine Anzahl von 500 Menschen ums Leben kam - zumeist Leute,
die der Aufforderung, den Berg zu evakuieren, nicht nachgekommen waren.
Dieses Spektakulum verblasst im Vergleich zur 1883 stattgefundenen Eruption
des in der Sunda-Straße zwischen Sumatra und Java gelegenen Krakatau, die
noch in 5000 km Entfernung zu hören war und bei der fast die dreifache Men-
ge des Pinatubo-Auswurfs in die Luft flog. 36.000 Menschen starben (vor-
nehmlich im Gefolge von Tsunamis). Dies alles ist aber noch nichts gegen den
Ausbruch des ebenfalls indonesischen Tambora im Jahre 1815. Dabei gingen
schätzungsweise 150 km³ ab - womöglich das gesamte Volumen des Pinatubo.

Gefahren

gere Albträume, denn vielen von ihnen wurden sie
zum Verhängnis. Wer unter solchen Bedingungen
ins Wasser muss, lebt nicht lange – auch wenn es
fußwarm ist. Die Seeverhältnisse in den Tropen
werden tendenziell unterschätzt. Selbst auf archipelagischen Kurztouren gehen immer wieder Schiffe,

▲ *Pinatubo-*
Ausbruch 1991

auch große, verloren. Daraus folgt die Verhaltensmaßregel: Wenn Stürme im Anmarsch sind, rechne man mit dem Ärgsten und verzichte auf Seereisen – auch wenn ein Termin drängt.

Wirbelstürme

Im ersten Kapitel wurde bereits auf Hurrikane und Taifune hingewiesen. Segler, versteht sich, werden in gefährdeten Gebieten am Radio kleben und beizeiten auf Ausweichkurs gehen. (Die Voraussagen sind wegen der Wetterüberwachung durch Satelliten heute extrem präzise.) Aber auch an Land muss man auf das Schlimmste gefasst sein. Nicht nur kann es wegen enormer Regenmengen zu Überflutungen und Erdrutschen kommen. Allein die Gewalt der Stürme lässt massive Objekte bis zur Größe eines Autos durch die Luft fliegen, von solchen „Kleinigkeiten" wie Kokosnüssen und messerscharfen Dachabdeckungen aus Wellblech ganz zu schweigen. Die Empfehlung vom Anfangskapitel sei hier wiederholt: Volle Deckung!

Gefährliches Landgetier

Das Risiko, einem wilden Großtier zum Opfer zu fallen, ist für Tropenreisende innerhalb von lediglich 100 Jahren nahezu auf Null gesunken – doch es steigt wieder. Zwar sind manche Tierarten annähernd ausgestorben, andere befinden sich in großen Freigehegen ähnelnden Reservaten und sind dort entweder gar nicht oder nur in Begleitung von Wildhütern zugänglich. (Was unter Umständen das kleinere Übel ist. Durch den Ökotourismus konnte zum Beispiel die Zahl der Berg- und Flachlandgorillas in Zentralafrika wieder kräftig anwachsen.) Viele andere Arten profitieren ebenfalls von weltweit praktiziertem Naturschutz und vermehren sich fleißig. Dadurch wird aber die Gefahr erneut größer, mit ihnen aneinander zu geraten. Ein besonders eindringliches Beispiel geben insofern die Krokodile ab.

Krokodile

In Nordaustralien kommt inzwischen ein Krokodil auf zwei Einwohner! Dies ist auch eines der wenigen Tiere, das größte Vorsicht gebietet. Krokodile, einschließlich der im Meer lebenden, töten tropenweit jährlich 2000 Menschen. Es gibt 23 Arten, keine lädt zum Herumspielen mit ihren Angehörigen ein. Die Echsen sind nicht nur für Schwimmer eine Bedrohung. Sie haben auch Boote angefallen und die darauf befindlichen Menschen ins Wasser gestürzt, und sogar auf dem festen Land fordern sie immer wieder Opfer. „Wenn man sie als Fußgänger sieht, ist es häufig zu spät", sagt man in Australien. Wo Krokodile vorkommen, gehe man mithin nicht baden (und wenn es noch so heiß ist), verzichte auf Spaziergänge und verständige sich mit den Einheimischen über das Gefahrenpotenzial.

Schlangen

... sind auch nicht gerade Schmusekätzchen. Die größte, an schwere Phobie grenzende Angst vieler Tropenreisender ist jene vor Schlangen, insbesondere den giftigen. Das ist keineswegs abwegig, denn diese spezifische Furcht wohnt dem Menschen, der sich weltweit auf immerhin Tausende von jährlichen Todesfällen berufen kann, offenbar zutiefst inne. Gebissen werden vor allem die allgegenwärtigen Barfußläufer. Nicht, weil die Schlangen sie als Beute ansehen, sondern weil sie auf die Schlangen drauftreten und diese dann zubeißen.

Gefahren

Solche Zwischenfälle finden namentlich in hohem Gras und in Reisfeldern statt. Asien führt deshalb die Liste der Vorkommen an, die giftigsten Schlangen gibt es jedoch in Nordaustralien.

Taschenlampe

Sollte man auf Tropenreisen immer dabei haben, weil es nicht überall elektrisches Licht gibt und, falls doch, selbiges oft ausfällt. Nicht nur zur Wegfindung ist die Taschenlampe nützlich, sondern auch um diversem Kleingetier auszuweichen, das in der tropischen Dunkelheit daheim ist.

Bei Fußmärschen durch Gelände, in dem Giftschlangen vermutet werden, ist das Tragen fester Stiefel und langer Hosen zwar vorteilhaft, eine gereizte Kobra kann aber in einer defensiven Reaktion ohne weiteres hoch „springen" und ihre Zähne in einen ganz anderen Körperteil schlagen. Reisbauern sind ins Gesicht gebissen worden, mit geringen Überlebenschancen. Festes, hartes Aufstampfen beim Marschieren vertreibt Schlangen, die, obwohl gehörlos, die Bodenvibrationen wahrnehmen. Desgleichen soll die durch eine Blechdose am Rucksack, in der Münzen laut klappern, ausgelöste allgemeine faunatische Unruhe sich ebenfalls den Schlangen mitteilen und sie zur Flucht veranlassen. Wer mit einem langen Zweig das Gras vor sich peitscht, trägt ein Weiteres zu seiner Sicherheit bei.

▶ *Ungemütliches Ambiente: Schlangengrube*

Auch die (ungiftigen) Riesenschlangen, Boas, Pythons und Anakondas, sind gefährlich, denn sie haben anscheinend ständig gewaltigen Hunger. Angriffe auf Menschen gelten zwar als sehr rar, doch sie sind vorgekommen und zumeist handelte es sich bei den Opfern dann um Kinder, die blitzschnell umwunden und erdrückt wurden. Wo Einheimische vor den Großschlangen warnen, sollte man einen Bogen um das Terrain machen.

Raubtiere

Das eben Gesagte gilt sinngemäß auch für Raubtiere, obwohl die Wahrscheinlichkeit eines Angriffs noch geringer ist.

Piranhas

Wo es Piranhas gibt, also in Bereichen des Amazonas und seiner Nebenflüsse, wird man wahrscheinlich nicht auf einem Bad bestehen. Zwar wird die potenzielle Bedrohung immer wieder klein geredet, sodass man zuletzt gar nicht mehr weiß, was eigentlich Sache ist. Es gibt aber genügend Beweise, dass Piranhas unter gewissen Bedingungen ganz verteufelt bissig sein können. Niemand dürfte scharf darauf sein, unbedingt auszuprobieren, ob dies auch den Tatsachen entspricht.

Insekten

Die gefährlichste Fauna von allen befindet sich im Reich der Insekten, aus denen immerhin fünf Sechstel der Tierwelt bestehen. „Auch Flöhe und Wanzen / gehören zum Ganzen", wusste Goethe und beschrieb damit die ganz normalen Verhältnisse seiner Zeit. Viele halten die gesamte tropische Welt für verfloht und verwanzt – und sind völlig auf dem

Gefahren

111

Bisse und Stiche vermeiden

(Aus „Was kriecht und krabbelt in den Tropen?"
von Reto Kuster)

⚠ *Rühren Sie kein Tier an, das Sie nicht kennen und über dessen Reaktion Sie sich nicht im Klaren sind.*

⚠ *Reizen Sie kein Tier, auch nicht mit einem Ast oder dergleichen.*

⚠ *Halten Sie vor allem bei Tieren mit potenziell großer Reichweite (Schlangen, Bienen) genügend Abstand. Dies gilt auch, wenn das Tier angeblich tot zu sein scheint: Manche Spinnen- und Schlangenarten stellen sich bei Bedrohung tot, beißen aber bei weiterer Reizung plötzlich zu. Und auch tot geschlagene Exemplare können eine Zeit lang noch zubeißen. Kinderhände sind da besonders gefährdet.*

⚠ *Vermeiden Sie es, barfuß zu gehen. Auch wenn im Urlaub oft nur Shorts getragen werden: Trekkingschuhe schützen besonders in unübersichtlichem Gelände besser vor Bissen als offene Sandalen.*

⚠ *Greifen Sie nicht in Felsritzen, zwischen Baumwurzeln, in Grasbüschel, unter Laub oder in Erdlöcher: Dies sind oft Nist- und Wohnplätze von (Gift-)Tieren. Bevor Sie sich an Ästen und dergleichen festhalten, werfen Sie einen kontrollierenden Blick darauf. Vorsicht beim Sammeln von Feuerholz fürs Lagerfeuer!*

Holzweg. Kein Mensch in den Tropen, und sei er noch so arm, liebt die Symbiose mit derartigem Getier und wird alles in seinen Kräften Stehende tun, es gar nicht erst soweit kommen zu lassen.

Aber gegen **Moskitos** hat auch der Tropenbewohner wenig Chancen. Die Stechmücke hat sich überall in den Tropen das Terrain erobert, wie schon zuvor unter „Malaria" erwähnt, und der evolutionären Überlegenheit dieser Dame (nur das Weibchen sticht) scheint kein Kraut gewachsen zu

- *Achten Sie besonders in von Laub und Gras bedecktem Gelände gut auf den Boden. Viele Schlangenarten sind ausgezeichnet getarnt und verhalten sich regungslos.*
- *Gehen Sie nachts nur mit einer Taschenlampe nach draußen.*
- *Schlangen, die in trockenen Gebieten leben, mögen dort besonders feuchte Stellen (Flussufer, Wasserstellen) mit genügend Vegetation. In Wüsten sind an Wasserstellen oder kleinen Bächen deshalb oft erstaunlich viele Tiere dicht gedrängt zu finden: Frösche, Schlangen, Skorpione.*
- *Treten Sie stets kräftig auf den Boden, das schlägt die meisten Schlangen in die Flucht*
- *Schuhe und Kleider werden vor allem bei Übernachtungen außerhalb dicht schließender Hotelzimmer jeden Morgen sorgfältig ausgeklopft. Eine Bekannte wachte einmal in Ostafrika nach einer Nacht im Schlafsack unter freiem Himmel mit einem ungeliebten Schlafgenossen, einer Schlange, auf. Besser noch, man packt Kleider und Schuhe über Nacht in eine Plastiktüte, die dicht zugebunden wird.*
- *Im Zimmer vorhandene Krabbeltiere werden grundsätzlich nie mit bloßen Händen hinausbefördert, sondern stets unter Zuhilfenahme von Bechern, Papier u. Ä.*

Gefahren

sein. Für die weitere Verbreitung von Anopheles und Konsorten sorgen Verhältnisse, deren Banalität zunächst albern erscheinen mag: Wasser, das sich in Kokosnussschalen und alten Autoreifen sammelt, gilt als eine der ärgsten Brutstätten, weshalb die Mücken auch in ansonsten trockenem Terrain anzutreffen sind, wo man gar nicht mit ihnen rechnet.

Und nicht zuletzt ist es der Mensch selbst, dem der Plagegeist folgt. Im Zeichen einer überbordenden Bevölkerung werden auch die Moskitos immer

▲ *Lieber fotografieren als töten: handtellergroße Vogelspinne*

Lehmhäuser meiden

In südamerikanischen Lehmhäusern kommen Wanzen vor, die unter anderem die Herz- und Nervenkrankheit Chagas übertragen, an der jährlich 50.000 Menschen sterben. Deshalb nicht in Lehmhütten, sondern lieber draußen unterm Moskitonetz übernachten.

Geckos begrüßen

Die kleinen Eidechsen an der Zimmerdecke lasse man in Frieden. Sie sind tüchtige Insektenfänger!

mehr, eine ganz simple Rechnung. Der Status der Anopheles-Mücke als gefährlichstes Landtier sollte jedoch keine Veranlassung geben, im Reich der Insekten jetzt wahllos um sich zu schlagen.

Sicher, es gibt auch durchaus unangenehme Insekten, bei denen es einen schon gruselt, wenn man nur daran denkt: Gewisse Fliegenarten z. B. können durch einen Stich Eier unter die Haut legen, aus denen sich winzige **Maden** entwickeln. Dies führt zu entzündeten Wunden, „in denen sich etwas bewegt". Gegenmittel: Ein Stück fettes Fleisch fest auf den Einstich pflastern. Die Maden werden dann alsbald in dieses schmackhaftere Medium überwechseln. (So praktizieren übrigens auch die westlichen Ärzte.)

In der Tat machen Insekten (und Spinnen, die keine sind) mit die faszinierendste Fauna der Tropen aus. Tausende von Arten, darunter viele bestimmt von prächtigem Aussehen, sind überhaupt noch nicht „entdeckt" und eine riesige Anzahl, trauriges Faktum, wird der Menschheit vielleicht nie bekannt werden. Statt Insekten, die ihren Platz auf der Erde haben wie alle anderen Lebewesen auch, „eklig" zu finden, könnte man mal mit der Kamera auf Tour gehen, um ganz speziell die Kriech- und Krabbeltiere zu fotografieren. Dabei wird sich ein ganz neues Universum auftun!

Gefährliches Seegetier

Wer Freunde des Meeres kommerziell zu sich lädt, wird etwaige mit der See verbundene Gefahren totschweigen oder beschönigen. Das liegt in der Natur der Sache, denn tropische Gefilde sind dort am einladendsten, wo die Ozeane gegen sie branden, und sie dürfen den Gästen natürlich nicht vermiest werden. In bunten Prospekten findet man deshalb keine Informationen wie nachstehend beschrieben, und der Normalverbraucher ist folglich unvorbereitet, wenn dann – glücklicherweise selten – doch mal etwas passiert.

Barrakuda

Den großen (bis zu 2 m langen) Raubfisch gibt es in den ganzen Tropen. Er gilt nicht unbedingt als tödliche Bedrohung, hat jedoch wegen einer gewissen Unberechenbarkeit einen schlechten Ruf. Man kann ihn ungefähr mit einem bissigen Köter vergleichen, dem man nie so recht trauen darf. Selbst kleine Barrakudas sind schon auf Menschen losgegangen, aus reiner Tücke und Beißlust, wie es scheint.

- **Vermeidung:** Barrakudas beim Tauchen im Auge behalten, nicht den Rücken zuwenden. Einschüchtern ist hilfreich.
- **Maßnahmen:** Bisswundenbehandlung.

Dornenkronenseestern

Das mehrarmige Stacheltier ist so groß wie eine menschliche Kehrseite und wird von Südseeinsulanern deshalb auch liebevoll „Schwiegermutters Sitzkissen" genannt. Der Seestern bewohnt pazifische Riffe, örtlich in großer Zahl, und gilt als unermüdlicher Korallenvernichter, mithin als schwerer Schädling. Bei Berührung der Stacheln wird ein sehr

Gefahren

115

▶ *„Schwiegermut-*
ters Sitzkissen"

O39tr Abb.: rh

schmerzhaftes Gift injiziert, dessen Wirkung tage-
lang anhält und zu temporärer Taubheit und Läh-
mung führt. Man kann sich vorstellen, was ein zen-
traler Fußtritt in das „Sitzkissen" anrichtet!

● **Vermeidung:** Nicht auf Korallenriffen waten. In
brandendem Wasser über Riffen gut Ausschau
halten und Vorsicht walten lassen, um nicht in ein
solches Untier hineingeworfen zu werden.

● **Maßnahmen:** Wunde möglichst (kurzzeitig) abbinden. Hitze applizieren (in gerade erträglich
heißem Wasser baden oder Kompresse aus
heißem Sand aufbringen). Ärztliche Hilfe suchen.

Hai

Besorgte Naturbeobachter haben den Hai (wegen
Überjagung) schon auf die Liste der gefährdeten Arten gesetzt. Vielerorts tritt er jedoch weiterhin in
stattlichen Zahlen auf und die dem Menschen gefährlichen Typen sind dabei auch nach wie vor vertreten. Die Ästhetisierung des Hais vom schönen
(das er zweifellos ist) zum „lieben" Tier hat in jün-

gerer Zeit allerdings immer extremere Blüten getrieben. Oft redet man heute nicht mehr von
Haiattacken, sondern von „Vor-" oder „Unfällen"
und gibt den Opfern gern schon mal die Schuld. Sie
hätten durch ihre bloße Anwesenheit das Tier pro-
voziert. Da ist was dran – man geht ihm besser aus
dem Weg, statt in ihm einen netten Spielgefährten
zu sehen, der es ja eigentlich gar nicht so meint. Der
Trend zielt auf die „Entdämonisierung" des Hais,
was im Grunde recht lobenswert ist. Doch ein wenig Respekt vor dem „Dämon" kann nicht schaden,

Gefahren

◀ *Der Mensch ist
der größte Feind
des Hais*

wenn man als Schwimmer oder Taucher in tropischen Gewässern ein langes Leben verbringen möchte. Immerhin sind seit dem Jahre 1580 weltweit über 2000 Haiangriffe auf Menschen registriert worden, davon mehr als 540 tödliche, und die Dunkelziffer dürfte um ein Vielfaches höher liegen – auf fernen Inseln wurde nie Buch geführt. Außerdem ist die Zahl der Attacken in jüngster Vergangenheit sprunghaft gestiegen – vielleicht weil man sich mehr denn je ozeanischen Badefreuden hingibt. (Trotzdem ergibt sich eine geradezu lächerlich kleine Zahl. Aber möchte sie jemand unbedingt durch einen persönlichen Beitrag vergrößern?)

Von 468 Haiarten sind nur ein paar dem Menschen gefährlich. Es nützt aber wenig, sie auseinanderhalten zu können. Beim Eintreten eines „Vorfalls", der fast immer äußerst spektakulär ausgeht, hilft das Wissen eh nichts mehr und für das Verhalten bei einem Angriff existiert keine allgemein gültige Regel.

Die gute Nachricht: In den Tropen sind gefährliche Haie und somit Vorfälle seltener als in Kaltwasserregionen. Es gibt aber welche.

- **Vermeidung:** Das potenzielle Risiko nicht auf die leichte Schulter nehmen. Nicht in bekannt gefährlichen oder in Gewässern mit wenig Sicht oder auf hoher See baden und tauchen. Keine Jagdbeute mitführen. Überflüssiges Geplansche vermeiden. Nicht ins Wasser pinkeln, solches Tun soll manchem tödlichen Biss vorausgegangen sein. Ein Partner beim Schwimmen kann lebensrettend sein. Haie lassen nach einer Attacke zumeist von ihrem Opfer ab, das sich wegen seiner Verletzungen dann aber nicht allein an Land retten kann.

- **Maßnahmen:** Wunden kurzzeitig abbinden. Blutungen durch direkten Druck zu stillen versuchen. Schockbehandlung. Arzt.

Kasten- oder Würfelqualle

Chiropsalmus quadraticus ist eine etwa faustgroße Qualle, die im westlichen tropischen Pazifik sowohl auf der Nord- als auch auf der Südhalbkugel vorkommt. Der Name bezieht sich auf die viereckige „Glocke" des Hohltiers. Eine sehr ähnliche Art, Chironex fleckeri, ist auch als „Seewespe" bekannt. An jeder Ecke der Glocke befindet sich ein Bündel hauchdünner Nesselfäden, das im aktiven Zustand meterweit ausgefahren wird und im Wasser, wie auch der Körper selbst, nahezu unsichtbar ist. Eine Berührung der Fäden bewirkt auf der menschlichen Haut einen feurigen Peitschenschlag, dem fingerdicke violette Schwellungen und schwerste Entzündungen folgen. Mehrfacher Kontakt mit den Fäden führt zum Tod. Vor allem Kinder sind gefährdet. Allein in Indonesien fallen jährlich mindestens 150 Menschen der Qualle zum Opfer, auf den Philippinen kaum weniger.

▲ *Nur faustgroß, kaum zu erkennen und brandgefährlich: Kastenqualle*

Normalerweise bewohnen beide Quallenarten die hohe See. Zur Paarung dringen die Tiere jedoch, mitunter in riesiger Zahl, in flache Küstengewässer und Flussmündungen vor, und zwar speziell während oder kurz nach der Regenzeit. Sie bilden dort dann ein Gefahrenpotenzial, das größer als alle anderen maritimen Risiken ist.

● **Vermeidung:** Nicht in befallenen Gewässern baden und tauchen (Einheimische fragen). Eine dicke Schicht Sonnenöl ist nützlich (überhaupt gegen alle Quallen). Schutzkleidung (Nassanzug, ggf. Hemd und lange Hose) ist besser.

Gefahren

● **Maßnahmen:** Das Wasser sofort verlassen. Nesselfadenreste mit spitzem Finger abpflücken (nicht mit Sand oder Handtuch abreiben!). Essig ist ein gutes Gegenmittel, ein besseres ist der Milchsaft der Papaya, der als Gegenenzym wirkt. Hitze (Heißwasser), sofern unverzüglich angewandt, zerstört das Quallengift ebenfalls. Ärztliche Hilfe suchen, weil außer den eigentlichen Verletzungen, selbst wenn diese behoben sind, Sekundärinfektionen drohen.

Quallengift neutralisieren
Der weiße Milchsaft der Papaya, nach dem Kontakt ohne Verzug auf die Haut aufgetragen, hebt die Wirkung von Nesselgiften auf.

Kegelschnecken

04zr Abb.: rh

Die prachtvoll gemusterten Seeschnecken der Gattung Conus erbeuten ihre Nahrung mit Hilfe eines Dorns, der vom schmalen Ende des Gehäuses ausgefahren wird und dem Opfer ein Lähmungsgift einimpft. Wer eine lebende Schnecke aufhebt, läuft Gefahr, ebenfalls gestochen zu werden. Muscheln sammelnde Kinder, die die Schnecken achtlos in die Tasche steckten, sind an dem Stich gestorben. Besonders gefährlich ist Conus geographus mit einer landkartenartigen Musterung.

● **Vermeidung:** Lebende Muscheln und Schnecken nicht anfassen. Kinder warnen.
● **Maßnahmen:** Gestochenes Glied kurzzeitig abbinden. Hitze (heißes Wasser) anwenden. Sofort zum Arzt.

▲ *Wie so oft in der Natur: Bunt und schön = gefährlich*

„Mördermuschel"

Dass die Riesenmuschel Tridacna gigas, bis 1,40 m groß, Taucher „einklemmt und unter Wasser festhält" ist ein Mythos. Zum einen bewegt sich die Muschel zu langsam und zum anderen schließen ihre Schalen sich nicht vollständig.

Krake

Eines der gefährlichsten Meerestiere, der australische Blauringkrake, kommt im flachen Wasser des Barriereriffs vor. Es ist nur ein kleines Tierchen, das nie einen Menschen angreifen würde. Wer es aber spielerisch aufhebt, kann gebissen werden. Grausig schmerzhaft – und fast zu hundert Prozent tödlich.

- **Vermeidung:** Keine unbekannte Fauna berühren.
- **Maßnahmen:** Keine bekannten.

Leistenkrokodil

Die gewaltigen Echsen (bis zu 9 m Länge) leben überwiegend im Meer. Sie bevölkern Ufersümpfe und Mangrovengestade, schwimmen aber auch schon mal auf mehr als tausend Kilometer langen Reisen über die hohe See und sind auch auf manchen Korallenriffen zu Hause. Sie kommen hauptsächlich in Nordaustralien und Neuguinea vor, haben sich im Zeichen eines naturgeschützten Status jedoch wieder über den gesamten tropischen West- und östlichen Indopazifik ausgebreitet. Auf den Philippinen fallen ihnen alljährlich mehrere Menschen zum Opfer. Selbst in Nordaustralien, wo ganze Spaliere von Warntafeln stehen und man sich auf ein Zusammenleben mit den Sauriernachkommen ganz gut eingerichtet hat, gibt es noch gelegentlich Tote – wobei wohl zumeist Alkohol und „Mutproben" im Spiel sind.

Gefahren

- **Vermeidung:** Die Chancen eines Schwimmers oder Tauchers gegen einen solchen Leviathan darf man als denkbar gering einstufen. Gewässern, in denen die Krokodile präsent sind oder gemeldet werden, bleibe man unbedingt fern.

Muräne

Muränen sind in allen tropischen Meeren zu Hause. Der schlangenartige, in Riffhöhlen lebende Fisch kann stattliche Dimensionen (länger als 2,5 m) annehmen und besitzt enorme Kräfte und Schrecken erregende, rasiermesserscharfe Reißzähne. Einen Menschen würde die Muräne jedoch nur im extremen Verteidigungsfall attackieren. Man lasse es auf keine Probe ankommen.

Rotfeuerfisch

Der bizarr aussehende Bewohner tropischer Korallenriffe signalisiert seine Gefährlichkeit schon dadurch, dass er sich kaum von der Stelle bewegt. Die zahlreichen Stacheln an den Enden seiner Flossen enthalten ein starkes Gift. Es hat Attacken des sich bedrängt fühlenden Fisches auf die Hände von Tauchern gegeben, in sehr schmerzhaften Wunden resultierend.

- **Vermeidung:** Abstand halten.
- **Maßnahmen:** Das betroffene Glied kurzzeitig abbinden. Maximale, gerade noch ertragbare Hitze (Wasser, Sand) anwenden.

Seeigel

Mancherorts gibt es riesige Kolonien von ihnen, die hektarweit den Seeboden bevölkern. Es ist, versteht sich, keine besonders gute Idee, in solchen Gewässern barfuß zu waten. Selbst Schuhe sind da wenig hilfreich: Die langen Stacheln der besonders häufigen Gattung Diadema durchbohren nämlich auch locker eine Schuhsohle oder hinterlassen am Knöchel ihre Spuren.

- **Vermeidung:** Siehe Dornenkronenseestern.
- **Maßnahmen:** Die Stichwunden können zunächst schmerzhaft sein, sie sind aber nicht gefährlich. Das Aufbringen von mit Essig oder Zitronensaft getränkten Verbänden hilft bei der Auflösung abgebrochener und im Fleisch verbliebener Stachelspitzen. Diese lösen sich nach einiger Zeit von selbst im Körper auf, ohne Schaden zu stiften. Nur wenn, was extrem selten ist, ein Fragment zu „wandern" beginnt und Schmerzen in anderen Körperteilen auslöst, ist ärztliche Hilfe erforderlich.

Seeschlangen

Das maritime Ringelgetier tritt fast ausschließlich im westlichen Indopazifik auf. Besonders viele Exemplare gibt es im Persischen Golf. Über 60 Arten existieren, alle sind sehr giftig. Direkte Attacken auf Schwimmer und Taucher scheinen äußerst rar zu sein. Tödliche Bisse hat es aber im Fall von Fischern gegeben, die in ihrem Netz herumtasteten und dabei an eine Schlange gerieten.

- **Vermeidung:** Abstand halten. Ein Nassanzug und Handschuhe bieten einen fast perfekten Schutz, weil die Schlangen nur winzige Mäuler haben.
- **Maßnahmen:** Siehe Schlangenbiss.

Gefahren

Stachelrochen

Im Sand des Seebodens eingegrabene Stachelrochen können auf eine Störung durch einen Watenden oder Taucher mit einem nach oben gerichteten Peitschenschlag ihres dornenbewehrten Schwanzes reagieren, der böse Wunden erzeugen kann. Große Exemplare vermögen sogar eine Schiffsplanke zu durchschlagen.

- **Vermeidung:** Nicht auf flachen Sandböden waten, beim Tauchen nicht unmittelbar über dem Boden schwimmen. Wenn gewatet werden muss, dann rühre man das Wasser vor sich mit den Schwimmflossen auf (engl.: „stingray shuffle").
- **Maßnahmen:** Generelle Wundbehandlung. Da die Stacheln ein (schwaches) alkalisches Gift enthalten, ist Abwaschen der Wunde mit Essig oder Zitronensaft nützlich.

Steinfisch

Irgendwo an einem exotischen Gestade angelangen und sich spontan der Lockung des schönen, klaren Wassers ergeben – das exerzieren Tropenreisende immer wieder vor. Und wenn der Untergrund

▶ *Gut getarnt:*
Steinfisch

steinig ist, watet man eben ein wenig vorsichtiger, damit man sich nicht die Zehen stößt. So vorsichtig, dass man nicht auf einen dort verborgenen, regungslos daliegenden Steinfisch träte, kann man allerdings gar nicht waten. Wer in dessen Rückenstacheln tappst, die eines der schwersten natürlichen Gifte enthalten, erlebt – aber nicht unbedingt überlebt – die stärksten Schmerzen von allen. Der Steinfisch ist relativ selten, aber es gibt ihn!

- **Vermeidung:** Nie auf steinigen und korallinen Böden waten. Beim Tauchen Berührungen der Umgebung vermeiden.
- **Maßnahmen:** Wie Rotfeuerfisch.

Gefährliche Pflanzen

Man mag es nicht glauben, aber die risikoträchtigste Tropenpflanze ist – die **Kokospalme.** Das grazile Südseesymbol kann ohne jegliche Vorwarnung (also nicht nur bei Sturm) aus bis zu 30 m Höhe 6 kg schwere Nüsse herabplatzen lassen, die mit einer kinetischen Energie von 1000 kp auftreffen – garantiert tödlich. Man wandle also nicht unter Palmen und campiere auch nicht unter ihnen.

Mit anderer gefährlicher Vegetation wird man mit etwas Umsicht kaum in Berührung kommen. Die so genannten **Paternostererbsen** (Abrus precatorius) Südostasiens enthalten ein schweres Gift, das, durch eine Hautwunde aufgenommen (und sei sie noch so klein), zu spontanem Herzstillstand führen kann. Der Rindensaft des ebenfalls dort beheimateten javanischen **Upasbaums** (Antiaris toxicaria) ist noch giftiger. Diverse tropenweit verbreitete **Nesseln** zwicken weitaus heftiger als die hiesigen. Und so weiter. Ein Trost ist, dass alle diese Pflanzen eher selten sind und vor botanischem Herumexperimentieren sei sowieso gewarnt.

Paternostererbsen

Schutz vor Gewalt und Kriminalität

Das gefährlichste Lebewesen, dem man auf Reisen begegnet, ist ohne Frage der Mensch. Wer in einem Tropenland gekidnappt, in einem anderen ausgeraubt und im nächsten angeschossen wurde, überdenkt vielleicht seinen Standpunkt, dass die Täter lediglich wirtschaftlichen Zwängen folgten und eigentlich gar nicht schuldhaft handelten. Entführungen, wie die jüngste Vergangenheit gezeigt hat, werden gerne ideologisch verbrämt, sind durchweg jedoch nichts anderes als kriminelle Akte, bei denen es nur um Geld geht. (Man kann sich heute gegen **Kidnapping** versichern, kostet aber eine Kleinigkeit.) Wer nicht „wichtig" ist, hat wenig Aussicht, durch das Eingreifen von Behörden erlöst zu werden. Ein Opfer kann allenfalls versuchen, sich gegenüber seinen Peinigern selbst „klein zu reden", um weniger finanziell begehrenswert zu wirken. Für keinen Notfall dieser Art gibt es jedoch feste Verhaltensmaßregeln. Ein glücklicher Ausgang hängt zur Gänze von der jeweiligen Situation und den daran beteiligten Menschen ab.

Ein Gleiches gilt für ein Zusammentreffen mit **bewaffneter Soldateska.** Man suche immer den Kontakt mit dem ranghöchsten Offizier, um einen Dialog herzustellen. Selbst wenn es sich um einen Halunken handeln sollte, so hat man immer noch den Vorteil einer gewissen Berechenbarkeit. Mit Händedruck begrüßen, das schafft menschliche Nähe!

Reisewarnungen
Reisewarnungen für gefährliche Länder gibt das Auswärtige Amt in Berlin heraus: Tel. (0 18 88) 1 70, www.auswaertiges-amt.de. Nützlich ist eine amtliche Warnung insofern, als sie einen relativ problemlosen Reiserücktritt ermöglicht – die Veranstalter nehmen in diesem Fall (aber nur in diesem!) aus Kulanzgründen eine kostenfreie Stornierung vor.

◀ Die „Knarre"
ist mancherorts
immer dabei

Betrunkenen Waffenträgern gehe man dagegen weiträumigst aus dem Weg. Überhaupt rasten Drittweltler im Suff oder unter Drogen gern mal aus und werden dann extrem aggressiv. Ein weißes Gesicht ist dann ein rotes Tuch für sie. Man lasse sich also auf keine Gelage ein. Stets zerstreue man auch umgehend den Verdacht, vielleicht ein „Amerikaner" zu sein. Nachdem George W. Bush erklärt hatte, dass „gegen uns ist, wer nicht für uns ist", werden die Yanks in der gesamten Dritten Welt offenbar mehr gehasst denn je.

Da der **Tourist reich** ist – wie könnte er sich sonst so eine weite Reise leisten? – und der Drittweltler arm, wird von dem Fremden oftmals erwartet, dass er etwas von seinem Wohlstand abtritt. In manchen afrikanischen Ländern werden solche Gaben geradezu eingefordert, nicht selten auf die unverschämteste Weise. Derartigen Ansuchen sollte man mit einer freundlichen, aber festen Ablehnung begegnen. (Das erste Präsent wird gerne als Signal interpretiert, dass noch mehr kommt, und dann erfolgt ein regelrechter Ansturm.)

Literaturtipp
„Schutz vor Gewalt und Kriminalität unterwegs"
von Matthias Faermann,
Reise Know-How Verlag, Bielefeld

Wenn der Besucher nichts freiwillig rausrückt, muss man vielleicht ein wenig nachhelfen. **Raubüberfälle** sind zwar nirgends an der Tagesordnung, doch mit langen Fingern ist überall zu rechnen, wo ein Wohlstandsgefälle existiert, und die Täter gehen dabei außerordentlich trickreich und psychologisch gewieft vor. Da hilft nur eines: Man muss sie selbst austricksen. Die elementarste Maßregel insofern ist, dass man zu gewissen Milieus (Rotlicht, Drogenszene, Slums, unruhige Menschenmassen ...) auf Distanz bleibt und nicht etwa auf Abenteuersuche in sie hineinstreut. Indem man ein gesundes Misstrauen entwickelt und den Blick für Gefahren schärft. Denn die Bösen hecken ständig neue Ideen aus, um die Guten zu übertölpeln und investieren dabei viel kriminelle Energie. Die ist allerdings gar nicht immer vonnöten, denn die Guten machen es ihnen oft sehr leicht. Die nigerianische Connection, die zahllose Bundesbürger reinlegte, kann dank der Geldgier ihrer Opfer auf blendende Geschäfte zurückblicken. Hübsch ist auch die (wahre) Geschichte von einem deutschen Travellerpaar, das dem freundlichen Rezeptionisten eines mexikanischen Hotels bereitwillig seine Wertsachen übergab: „Zur sicheren Aufbewahrung." – „Mit dem größten Vergnügen, die Herrschaften!" Der elegant gekleidete Mann hatte erstklassige Manieren. Und er war spurlos verschwunden (die Wertsachen natürlich auch), als der echte Rezeptionist von seiner Siesta auftauchte. Dergleichen Beispiele aus der Praxis gibt es unendlich viele, und der unbedarfte Fremde ist dabei immer der Verlierer.

Generell ist auf dem Land weniger mit Übergriffen zu rechnen als in den Städten. In manchen Ge-

Geld verstecken

Eine prall mit alten und wertlosen Geldscheinen gefüllte Brieftasche ist ein zu verschmerzender Verlust bei Diebstählen und Raubüberfällen. Das „richtige" Geld versteckt man am Körper, zum Beispiel in einem Stirnband.

sellschaften mit einem ausgeprägten Ehrenkodex ist die Sicherheit dort sogar total. Doch auch in diesen Oasen hat es sich herumgesprochen, wie leicht ein Tourist übers Ohr gehauen werden kann. Wer dann naiv ist, wird schnell zum Opfer.

Unter dem Stichwort „Opfer" muss letztlich noch auf die aktuelle **Drogenproblematik** eingegangen werden. Es dürfte bekannt sein, dass manche Staaten mit radikalen Strafen drohen, dass „mitgefangen, mitgehangen" mitunter zum Tragen kommt – wer sich, ohne selber Mitakteur zu sein, in dem Milieu verstrickt, muss mit Problemen rechnen. Nicht selten gerät man „in der Szene" an einen Spitzel oder „Agent provocateur" und schon sitzt man in der Patsche. Da nützt auch der Ausländerstatus und die Berufung auf die milde Gesetzgebung des Heimatlandes nichts, denn stets gelten die Gesetze jenes Staates, in dem der Akt begangen wurde. Man lasse also die Finger von solchen Dingen.

Unterlassen sollte man auch, irgendwelche „Geschenke" oder Sendungen freundlicherweise mitzunehmen, wenn man den Absender nicht ganz genau kennt.

Was aber, wenn man unfreiwillig als Kurier missbraucht und dabei erwischt wird? Auch da gibt es eine ganz simple Abhilfe: Man filzt sein Gepäck gründlich vor dem Check-in (und überhaupt zwischendurch mal) und lässt eine etwaige Fundsache diskret in der nächsten Abfalltonne verschwinden.

Literaturtipp
„Drogen in Reiseländern – Gesetz und Realität" von Martin Lutterjohann, Reise Know-How Verlag, Bielefeld

Gefahren

Aktivitäten

Aktivitäten

Ist alles gleich „Sport"?

Die meisten Menschen setzen Aktivitäten unterwegs mit irgendwelchen Sportarten gleich. Im Anschluss sollen auch einige aufgezählt und ihr Potenzial beschrieben werden. Vieles, was wir „Sport" nennen, ist für die Tropenbewohner aber ganz normaler Alltag: Millionen von ihnen bewegen sich nie auf andere Art fort als zu Fuß. Auch erklettern sie Berge, laufen, schwimmen, tauchen, rudern und segeln und es käme ihnen nicht in den Sinn, so etwas als „Sport" zu bezeichnen. Der Tropenreisende sollte es ihnen gleichtun und über das dem Menschen eigene Tempo zu seinen Ursprüngen zurückfinden. Denn das Sichbewegen muss ja nicht unbedingt immer von Gerätschaften gestützt werden, deren es daheim schon genug, wenn nicht im Übermaß gibt.

Bergsteigen

Einige der höchsten Erhebungen der Erde liegen in den Tropen, zum Teil in unmittelbarer Äquatornähe. Für den, der sie erklimmen möchte, kommen keine anderen Gesetze zum Tragen als in gemäßigteren Breiten. Ab etwa 3000 Meter wird es auch in den Tropen empfindlich kalt, bei einem weiteren Tausender beginnt die Schneegrenze und danach sackt das Thermometer immer weiter in den Keller. Höhenkrankheit, Sonnenbrände, Erschöpfung und Dehydrierung sind zu erwartende Probleme.

Infrastrukturen in der tropischen Bergwelt sind zudem selten so geartet, dass einem Verunglückten sofortige – oder überhaupt – Hilfe zuteil würde. Als elementarste Vorsichtsmaßnahme sollte man die Möglichkeit einer Handyverbindung prüfen, sich die Notrufnummer merken und gegebenenfalls ein Gerät mit auf die Tour nehmen.

Literaturtipp
„All inclusive?"
von
Helmut Schäfer,
Reise Know-How
Verlag, Bielefeld

047tr Abb.: rh

◄ *Nein, kein Freeclimber beim Sport, sondern ein Nestsammler bei der täglichen Arbeit …*

Radwandern

Ein Tropenland mit dem Radl zu erschließen, kann ein prächtiges Abenteuer sein, schon weil sich viele Menschen für die ungewohnte Erscheinung interessieren werden und deshalb jede Menge Kontakte entstehen. Wo sich Rad- und Autoverkehr mischen, ist jedoch Vorsicht am Platze. Spezielle Radwege gibt es kaum irgendwo. Drittwelt-Chauffeure sind zudem gewohnt, dass ihnen mickrige Radler aus dem Weg gehen. Wenn nicht, werden sie eben beiseite geschubst.

Dieser Mentalität ist durch defensives Fahren zu begegnen. Sich auf „seine Rechte" zu berufen, hat keinen Zweck, und ganz bestimmt dann nicht mehr, wenn man überfahren im Staub liegt.

Sportradeln ist in vielen Tropenländern gut im Kommen. Man kann sich also Clubs anschließen, wo ein Fremder durchweg gern gesehen ist. Adressen findet man im Internet, in den Gelben Seiten, auf Verkehrsämtern und in Sportgeschäften. Ein paar freundliche Worte, und schon ist man dabei.

Aktivitäten

Segeln

Im Zeitalter der GPS-Navigation ist Schiffbruch durch mangelnde Steuermannskunst nicht mehr das Problem, das es einmal war. Auch Tropenstürme haben auf Grund hochverlässlicher Vorhersagen an Drohpotenzial eingebüßt. Anachronismen wie **Piraten** sind aber immer noch die Geißel tropischer Meere. Da der Yachtie stets „reich" ist, sieht man in ihm eine fette Beute. Allein sein Boot stellt ja ein beträchtliches Wertobjekt dar. Als besonders gefährdete Gewässer gelten die südlichen Philippinen, die Malakka-Straße sowie diverse afrikanische und brasilianische Häfen und die Karibik, wo Yachten schon gehijackt wurden, um für den Drogentransport eingesetzt zu werden. Kein küstennahes Seegebiet der tropischen Welt kann jedoch als wirklich völlig sicher bezeichnet werden. Segler sollten immer so viele aktuelle Meldungen wie möglich einholen, auch durch Funkverkehr untereinander, und Warnungen nicht leichtfertig abtun.

Wellensurfen

... nicht Windsurfen, ist der Tropensport schlechthin. Schon die hawaiischen Könige taten es. Dort, auf Hawaii, befinden sich dank gewaltiger Wellenhöhen auch die idealen Plätze für diese Tätigkeit, andere auf den Philippinen (Catanduanes, Siargao) und auf Mauritius. Zur Zeit der Drucklegung dieses Buches ist eine Million Dollar für den Surfer ausgeschrieben, der eine 30-m-Welle reitet. Im Zeichen von El Niño ist eine solche Wasserlawine keine Unwahrscheinlichkeit. Den Ritt zu überleben schon eher. Bei diesen Dimensionen geht es um Gedeih und Verderb, aber Scharen von Surfern sind weltweit auf der Suche nach dem nassen Monster.

Aktivitäten

Sandsurfen

Wie wär's mit etwas risikoloserem Sandsurfen? In Wüsten und an Stränden gibt es mächtige Dünen, deren Abhänge man mit bis zu 80 Sachen hinabsausen kann. Alles dafür Erforderliche ist eine Platte aus Hartpappe, gerade einen Quadratmeter groß. Wichtig: Man treibe diesen Sport nicht, wo er mit Naturschutzbestimmungen kollidiert.

Windsurfen

Große Teile der tropischen Küsten- und Inselwelt liegen im Bereich der Passatwinde, die das ganze Jahr mit etwa Windstärke 5 wehen – bei molligen Wassertemperaturen eine geradezu ideale Konstellation. Im Indischen und Westpazifischen Ozean herrschen dagegen Monsune vor, die diesen Verhältnissen noch eines draufsetzen (bis Stärke 8). Wo immer es Ferien-Resorts gibt, sind auch Boards zu haben. Man braucht das eigene also nicht überall hin mitzuschleppen. Siehe auch spezielle Wetter-Info im Internet-Anhang.

Ortsbestimmung anhand der Wolken
Über Inseln in tropischen Meeren bauen sich ab Mittag oft Cumuluswolken auf und geben nicht selten ein getreues Abbild der Inselkontur. Bootsfahrern erleichtert dieses Wissen die Navigation.

◄ *Ein Highlight: Tauchen und Schnorcheln in bunter Unterwasserwelt*

Tauchen, Schnorcheln

Seit den sechziger Jahren hat sich Gerätetauchen zu einem regelrechten Breitensport entwickelt. Die tropische Unterwasserwelt bietet dafür die verlockendsten Ziele, mit prachtvollen Revieren in allen warmen Meeren. Dort, wo's am schönsten ist, haben sich überall kommerzielle Tauchbasen etabliert, in denen der Spaß natürlich Geld kostet, die aber den Vorteil guter Organisation aufweisen

Brandung

Um durch die Brandung unbeschadet einen Strand zu erreichen, beherzige man Folgendes: Wellen kommen in „Zügen". Ungefähr jeder siebte ist besonders hoch und setzt sich wiederum aus einem Dreigespann zusammen, von denen die letzte Welle zumeist die höchste ist. Die Gefahr ist in der Mitte des Siebenerzuges, also etwa bei Welle 3 oder 4, am geringsten.

Aktivitäten

und auch für die ökologische Gesundheit ihres Umfeldes Sorge tragen. Wer solche Abhängigkeiten nicht schätzt, suche den Kontakt mit einheimischen Tauchclubs.

Totale Freiheit von technischem Gerät verheißt das Reisen mit lediglich Taucherbrille und Schnorchel. Das Aktionsfeld ist so zwar ziemlich eingeengt, aber mit etwas Übung lassen sich stattliche Tauchtiefen und -zeiten erreichen und das Training baut den Körper gut auf. Flossen kann man außen vor lassen, sie sind zu sperrig für kleines Gepäck. Und statt sich mit einem Bleigürtel zu belasten, stecke man einfach ein paar Steine in die Tasche.

Literaturtipp

„Tauchen in warmen Gewässern"
von Klaus Becker,
Reise Know-How
Verlag, Bielefeld

Ein kleiner Tipp für **Schnorchler:** Die Faszination mit der Unterwasserwelt verführt zu langen Aufenthalten im Wasser, während deren die Rückenpartie des Tauchers ständig und intensiv der Sonne ausgesetzt ist. Die permanente Nässe lässt kein Hitzegefühl aufkommen, aber in Wahrheit brutzelt die Haut die ganze Zeit! Man denke vor Schnorchelgängen deshalb an dickes Eincremen und Bedecken (weißes Hemd) der gefährdeten Körperpartien.

▶ *Tropisches*
(Tauch)Paradies:
die Palau-Inseln

Wandern

Man vergesse das Hiken, Trekken und Walken mal ganz und gehe nach bewährter Drittweltart einfach zu Fuß. Und zwar am besten, indem man nicht einfach drauflos wandert, sondern sein Programm ein wenig organisiert, um nicht das ganze Gepäck mitschleppen zu müssen und auch, weil es Schwierigkeiten mit der Übernachtung geben könnte. Gut bedient ist man mit dem Etablieren einer Basis, von der man auf radiale Touren geht, deren Länge ganz den örtlichen Gegebenheiten und der eigenen Kondition angepasst wird. Den nächsten Bezugspunkt erreicht man dann mit einem Verkehrsmittel und beginnt das Ganze wieder von vorn.

Man unterschätze nie, wie sehr Fußtouren bei großer Hitze schlauchen können! Nur verrückte Hunde und Engländer gehen in der Mittagssonne spazieren, frotzelt man in Indien, bestimmt nicht zu Unrecht. Vor allem klimatisch unkonditionierte Menschen sollten sich in den Tropen eher schonen, statt nach persönlichen Rekorden zu streben. Sonst stehen womöglich Kreislaufkollaps und Herzkasper ins Haus – und dann muss vielleicht wirklich mal „ausgeflogen" werden.

Literaturtipp
„Dschungel-
wandern"
von Reto Kuster,
Reise Know-How
Verlag, Bielefeld

Aktivitäten

▶ *Unterwegs mit*
Vulkanologen

In den Tropen arbeiten?

So viel zu sportlichen Betätigungen. Kann man sich
in Tropenländern aber auch irgendwie beruflich be-
schäftigen?

Dass man dort händeringend auf das Know-how
der westlichen Welt wartet, ist ein Irrtum. Bis in die
mittlere Etage besteht jedenfalls kein Bedarf. Drittweltler sind nicht auf importierte Handwerker und
Mechaniker angewiesen. Viele von ihnen sind ge-
nauso gut, wenn nicht besser. Dass manche von ih-

nen verflixt geschickt mit Computern umgehen können, dürfte sich ebenfalls herumgesprochen haben. Auch dass man einen Acker effizienter mit Maschinen bewirtschaften kann, ist den meisten klar. Sie ziehen es aber vor, ihre „Arbeitsplätze" zu erhalten und machen per Hand weiter. Der Beispiele sind viele. Sich einen Tropenaufenthalt zu finanzieren, „indem man dort arbeitet", ist also illusorisch. Außerdem darf man's als Tourist ebenso wenig wie hier. Auch eine Klinik unter Palmen lässt sich in einem souveränen Staat nicht so einfach gründen – das gibt's nur im Fernsehen.

Man kann sich aber auf freiwilliger und unbezahlter Basis Museen, Gesundheits- und Missionsstationen, Forschungseinrichtungen (zum Beispiel Vulkan- und Erdbebenwarten), Tierschützern und Ökologen, kommerziellen Tauchern und Fischern anzuschließen versuchen und wird im Erfolgsfall nicht nur die aufregendsten Erlebnisse haben, sondern auch die interessantesten Menschen kennen lernen. Einfach mal ein bisschen rumfragen.

Weitere Infos zum Thema Arbeiten in den Tropen

... im Internet:
- *www.earthwatch.org*
- *www.nationalparkjobs.de*
- *www.zav.de*
- *www.worldwidejobs.de*

... über Telefon:
- *Internationale Volontär-Projekte, Tel. (0 91 35) 80 75*
- *Marlboro Summer Jobbing, Tel. (08 00) 5 62 24 64*
- *Lernen und Helfen in Übersee, Tel. (02 28) 63 44 24*
- *Carl-Duisberg-Gesellschaft, Tel. (02 21) 2 09 80*

Aktivitäten

Anhang

Tropenmedizinische Beratungsstellen

In Deutschland

- **Berlin:** Landesinstitut für Tropenmedizin, Tel. (0 30) 27 46-0, -7 77, Auskunft vom Band: Afrika (0 30) 1 97-22, Asien -23, Mittel- und Südamerika -24
- **Dresden:** Institut für Tropen- und Reisemedizin, Tel. (03 51) 4 80 38 01
- **Düsseldorf:** Centrum für Reisemedizin, Tel. (02 11) 90 42 90 (Zur Anforderung schriftlicher Informationen.) Telefonische Beratung: Tel. (01 90) 88 38 83. Beides kostenpflichtig. Das CRM erteilt auf spezielle Anfrage auch einen kostenpflichtigen „Reise-Gesundheits-Brief", in dem individuelle Informationen zur Gesundheitsvorsorge speziell für eine geplante Auslandsreise erteilt werden.
- **Düsseldorf:** Tropenmedizinische Ambulanz, Tel. (02 11) 8 11 70 31
- **Göttingen:** Georg-August-Universität, Virologie, Tel. (05 51) 39 58 57
- **Hamburg:** Bernhard-Nocht-Institut für Schiffs- und Tropenkrankheiten, Tel. (0 40) 42 81 80, Individuelle Beratung ca. 20 Euro. www.gesundes-reisen.de
- **Heidelberg:** Institut für Tropenhygiene der Universität, Tel. (0 62 21) 56 29-05 oder -99, Telef. Auskunft vom Band: Mittel- und Südamerika (0 62 21) 56 56-35, Asien -33, Afrika -32
- **Leipzig:** Universität Leipzig, Abt. Infektions- und Tropenmedizin, Tel. (03 41) 9 72 49 72
- **Marburg:** Deutsches Grünes Kreuz, Tel. (06421) 29 31 20 Schriftliche Infos sind kostenpflichtig.

- **München:** Institut für Infektions- und Tropenmedizin der Universität, Tel. (0 89) 21 80 35 17, Telef. Auskunft vom Band: Mittel- und Südamerika (0 89) 33-33 69, Afrika -67 44, Asien -67 55
- **Rostock:** Klinik für Innere Medizin der Universität, Abt. für Tropen- und Reisemedizin, Tel. (03 81) 4 94 75 84
- **Tübingen:** Institut für Tropenmedizin an der Universität, Tel. (0 70 71) 2 98-23 65, -02 21 Schriftliche Informationen kostenpflichtig.
- **Ulm:** Medizinische Uniklinik, Tropenmed. Abt., Tel. (07 31) 5 02 44 27
- **Würzburg:** Missionsärztliche Klinik, Tropenmedizinische Abteilung, Telef. Auskunft vom Band: (09 31) 7 91 28 25

Fax-Abrufservice

Die Stiftung Warentest hilft beim Ausfindigmachen einer Beratungsstelle in der Nähe:
(0 30) 2 30 83 95 60

In Österreich und der Schweiz

- **Basel:** Schweizerisches Tropeninstitut, Tel. (0 61) 2 84 82 55
- **Bern:** Institut für Parasitologie, Tel. (0 31) 6312418
- **Wien:** Institut für Spezifische Prophylaxe und Tropenmedizin, Tel. (01) 4 04 90
- **Zürich:** Institut für Parasitologie, Tel. (01) 6 35 85 02

E-Mail-Adressen für spezielle Diagnostik

- **Hepatitis C:** Uni Essen, stefan.ross@uni-essen.de und roggendorf@uni-essen.de
- **Importierte Virusinfektionen:** Bernhard-Nocht-Institut Hamburg, schmitz@bni.uni-hamburg.de
- **Tollwut:** siehe Hepatitis
- **Tropische Infektionserreger:** Bernhard-Nocht-Institut Hamburg, bfleischer@bni.uni-hamburg.de

Anhang

Reise-Infos aus dem Internet

- **http://de.travel.yahoo.com**
  Startseite für Urlaubsinfos, sortiert nach Ländern und Regionen mit weiterführenden Links.
- **http://de.weather.yahoo.com**
  Weltweite Wetterkarte und aktuelle Berichte.
- **www.airsafe.com**
  Welche Airlines und Flugzeugtypen die meisten Abstürze zu verzeichnen haben. Daten seit 1970.
- **www.airwise.com**
  Infos zu einer großen Zahl von Flughäfen auf der ganzen Welt.
- **www.auswaertiges-amt.de**
  Aktuelles zur politischen Lage und Gesundheits-situation in vielen Ländern, außerdem Adressen von Botschaften und Konsulaten.
- **www.comonline.de/freizeit/webcam/weltkarte.html**
  Weltweites Wetter von ca. 5000 Webcams.
- **www.dr-nexus.com**
  Deutschsprachige Ärzte in aller Welt.
- **www.fit-for-travel.de**
  Themen rund ums Reisen (Tipps für über 300 Reiseziele) mit Betonung auf Gesundheit.
- **www.flugplan.de**
  Jede Menge weltweiter Flugpläne.
- **www.focus.de**
  Aktuelle Reise-Infos bis hin zu detaillierten Auto-bahngebühren.
- **www.fvw.de**
  Über 900 deutsche Reiseveranstalter und ca. 30 Airlines geben hier ihre Details preis.
- **www.kasbah.com**
  Reise-Info in geballter Ladung, Unterhaltung, Res-taurants, Abenteuer usw. – auf Englisch.
- **www.netcafeguide.com**
  Über 3000 Internet-Cafés in 139 Ländern.

- **www.oanda.com/convert**
  Umrechnungskurse für Währungen in aller Welt.
- **www.oceanweather.com**
  Wind und Wetter für Segler und Seebären.
- **www.odci.gov/cia/publications/factbook**
  Länderlisten und –informationen aus berufener Quelle: der CIA. Natürlich auch aus deren Sicht.
- **www.orrin.org/carib**
  Massenhaft Daten für Karibikfahrer.
- **www.seereisenportal.de**
  Vom dicken Kreuzfahrer bis zur kleinen Motoryacht ist für die große Fahrt alles dabei.
- **www.reisepartner-suche.de**
  Kostenlose Vermittlung von Gleichgesinnten, die nicht allein reisen wollen.
- **www.reiseplanung.de**
  Exzellentes Einstiegsportal mit Infos bis hin zu Visabestimmungen und Urlaubsmagazinen.
- **www.travelmed.de**
  Stets frische und gut aufgebaute Meldungen zum Thema Reisemedizin.
- **www.visum-centrale.de**
  Das Unternehmen mit Büros in Bonn und Berlin besorgt Visa, auch die schwierigsten.
- **www.wetteronline.de**
  Weltweite Wetterkarte, mit kleinen Schmankerln wie Wassertemperaturen, Ozonwerten und Gewitterneigung.

Anhang

Literaturtipps

- Bundesverwaltungsamt (Hg.): **Ratschläge zur Erhaltung der Gesundheit in tropischen und subtropischen Ländern,** Bundesverwaltungsamt, 50728 Köln (letzter Stand: Juli 1996). Nützlicher 89-seitiger Ratgeber.

- CRM (Hg.): **Handbuch Reisemedizin,** Centrum für Reisemedizin, 2002. Ausführliche Übersicht aller Länder der Erde in Bezug auf Infektionskrankheiten, Risiken, Impfschutz. Außerdem Informationen zum Klima (Regenzeiten) und Adressen deutscher Botschaften. Alle 6 Monate aktualisiert. Das Buch ist in Apotheken einsehbar.

- Döring, H.: **Ärztlicher Ratgeber für den Aufenthalt in den Tropen,** Reimer-Dietrich, 1998. Medizinischer Rat aus professioneller Sicht.

- Hanewald, R.: **Das Tropenbuch,** Jens Peters Publikationen, 2000. Guide für Tropenreisende nach dem Muster des vorliegenden Buches, jedoch wesentlich ausführlicher.

- Hanewald, R.: **Essbare Früchte Asiens,** Reise Know-How Verlag, 2001. Die wichtigsten essbaren Früchte des größten Kontinents, von Ananas bis Zitrus. Mit Angaben zum Vitamin- und Nährstoffgehalt und Hinweisen für den praktischen Gebrauch. Mehrsprachiges Register und zahlreiche raffinierte Tipps und Tricks.

- Humboldt, A. v.: **Südamerikanische Reise,** Safari Verlag, 1979. Die Reise des großen Gelehrten zu Beginn des 19. Jh. Die unbestechlichen Beobachtungen und oft trocken humorigen Anmerkungen Humboldts sorgen noch heute für ein exquisites Lesevergnügen und erwecken Sehnsüchte nach einer vergangenen Welt.

- Theye, T. (Hg.): **Wir und die Wilden,** Rowohlt Taschenbuch Verlag, 1985. Eine Betrachtung „wilder" Völker vor ihrem historischen Hintergrund

und vis-à-vis einer Kultur, die sich als überlegen empfindet. Trotz trockener wissenschaftlicher Basis anregend und streckenweise sogar lustig geschrieben und deshalb sehr lesenswert.

- Huss, G.: **Mit Kindern in die Tropen,** Verlag im Kilian, 1994. Kinderärztlicher Ratgeber für Eltern.
- Prof. Dürfeld, Dr. Rickels: **Selbstdiagnose und Behandlung unterwegs,** Reise Know-How Verlag, 2002. Eines der wenigen Bücher für Laien, in denen vom Symptom auf die Krankheit und Behandlung geschlossen wird.
- Werner, D.: **Wo es keinen Arzt gibt,** Reise Know-How Verlag, 2001. Handbuch für medizinische Hilfe und Selbsthilfe in tropischen und subtropischen Ländern. Mit vielen nützlichen Tipps.

Anhang

Praxis-Ratgeber:
kompakt & kompetent

Wer seine Freizeit aktiv verbringt und moderne Abenteuer sucht, braucht spezielles Wissen, das in keiner Schule gelehrt wird. REISE KNOW-HOW beantwortet die vielen Fragen rund um Freizeit, Urlaub und Reisen in der Ratgeberreihe: „Praxis".

Birgit Adam
Als Frau allein unterwegs

Erich Witschi
Clever buchen – besser fliegen

Hans Strobach
Fernreisen auf eigene Faust

Rainer Höh
GPS-Navigation für Auto, Motorrad, Wohnmobil

Rainer Krack
Hinduismus erleben

Gunther Schramm
Internet für die Reise

Rainer Höh
Kanu-Handbuch

Dieter Richter
Mayakultur erleben

Volker Heinrich
Reisefotografie digital

Klaus Becker
Tauchen in warmen Gewässern

Reto Kuster
Was kriecht und krabbelt in den Tropen?

Jeder Titel:
144-160 Seiten, robuste Fadenheftung,
Taschenformat 10,5 x 17 cm,
Register und Griffmarken
Weitere Titel siehe Seite 154.

KulturSchock

Diese Reihe vermittelt dem Besucher einer fremden Kultur wichtiges Hintergrundwissen. **Themen** wie Alltagsleben, Tradition, richtiges Verhalten, Religion, Tabus, das Verhältnis von Frau und Mann, Stadt und Land werden nicht in Form eines völkerkundlichen Vortrages, sondern praxisnah behandelt.

Der **Zweck** der Bücher ist, den Kulturschock weitgehend abzumildern oder ihm gänzlich vorzubeugen. Damit die Begegnung unterschiedlicher Kulturen zu beidseitiger Bereicherung führt und nicht Vorurteile verfestigt.

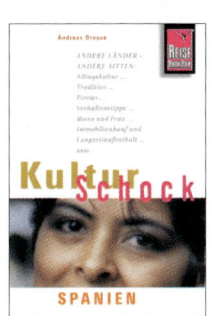

Hanne Chen
KulturSchock China

Rainer Krack
KulturSchock Indien

Klaus Boll
KulturSchock Mexiko

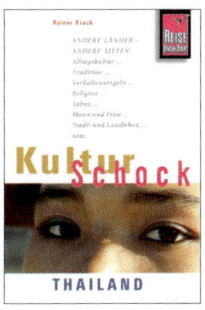

Manfred Ferner
KulturSchock Türkei

Rainer Krack
KulturSchock Thailand

Weitere Titel siehe Seite 154.

Reise Know-How Verlag, Bielefeld

Anhang

Alle Reiseführer auf einen Blick

Reisehandbücher

Urlaubshandbücher

Reisesachbücher

Rad & Bike

Reise Know-How

Edition RKH

Alle Reiseführer auf einen Blick

Praxis

All Inclusive?
Als Frau allein
    unterwegs
Canyoning
Clever buchen –
    besser fliegen
Daoismus erleben
Dschungelwandern
Essbare Früchte Asiens
Fernreisen
Fernreisen, Fahrzeug
Fliegen ohne Angst
Fun & Sport
    in Eis & Schnee
GPS f. Auto, Motorrad,
    Wohnmobil
GPS Outdoor-Navigation
Heilige Stätten Indiens
Hinduismus erleben
Höhlen erkunden
Inline-Skaten Bodensee
Inline-Skating
Islam erleben

Kanu-Handbuch
Kreuzfahrt-Handbuch
Küstensegeln
Maya-Kultur erleben
Orientierung mit
    Kompass und GPS
Paragliding-Handbuch
Pferdetrekking
Reisefotografie
Reisefotografie digital
Reisen und Schreiben
Respektvoll reisen
Richtig Kartenlesen
Safari-Handbuch Afrika
Schutz vor Gewalt
    und Kriminalität
Schwanger reisen
Selbstdiagnose u.
    Behandlung unterwegs
Sicherheit/Bärengebiete
Sicherheit/Meer
Sonne, Wind und
    Reisewetter
Survival-Handbuch,
    Naturkatastrophen
Tauchen in kalten
    Gewässern
Tauchen in warmen
    Gewässern
Transsib – von
    Moskau nach Peking
Trekking-Handbuch
Tropenreisen
Vulkane besteigen

Was kriecht u. krabbelt
    in den Tropen
Wein-Reiseführer Dtschl.
Wildnis-Ausrüstung
Wildnis-Backpacking
Wildnis-Küche
Winterwandern
Wohnmobil/Indien
    und Nepal
Wracktauchen weltweit

KulturSchock

Afghanistan
Ägypten
Brasilien
China
Golf-Emirate, Oman
Indien
Iran
Islam
Japan
KulturSchock
Marokko
Mexiko
Pakistan
Russland
Spanien
Thailand
Türkei
Vietnam

Wo man unsere Reiseliteratur bekommt:

Jede Buchhandlung in der BRD, der Schweiz, Österreichs und
in den Benelux-Staaten kann unsere Bücher beziehen.
Wer trotzdem keine findet, kann alle Bücher über unseren
Internet-Shop unter **www.reise-know-how.de** oder
www.reisebuch.de bestellen.

Mit REISE KNOW-HOW gut orientiert

Wer sich in seinem Reiseland zu-rechtfinden und orientieren möchte, kann sich mit den Landkarten von REISE KNOW-HOW auf Entdeckungs-reise begeben.

Egal, ob bekannte Sehenswürdig-keit oder Naturschönheit fernab jeg-licher Touristenroute: Die Karten aus dem Hause REISE KNOW-HOW leiten Sie sicher an Ihr Ziel.

Landkarten:

In Zusammenarbeit mit dem world mapping project gibt REISE KNOW-HOW detaillierte, GPS-taugliche Landkarten mit Höhenschichten und Register heraus, so zum Beispiel:

- Ägypten (1 : 250.000)
- Cuba (1 : 850.000)
- Bretagne (1 : 850.000)
- Dom. Republik (1 : 450.000)
- Indien (1 : 2,9 Mio)
- Iran (1 : 1,6 Mio)
- Kreta (1 : 140.000)
- Malaysia (1 : 1,1 Mio)
- Mexiko (1 : 2,25 Mio)
- Neuseeland (1 : 1 Mio)
- Polen (1 : 850.000)
- Südafrika (1 : 1,7 Mio)
- Thailand (1 : 1,2 Mio)

world mapping project
REISE KNOW-HOW Verlag, Bielefeld

Register

REGISTER

Anhang

Anhang

Der Autor

Roland Hanewald, Jg. 1942, verbrachte große Teile seines Lebens in den Tropen: Lange Zeit als Seefahrer, dann als Resident der Philippinen, wo er sich als archäologischer Bergungstaucher, Expeditionsleiter (Marlboro), Detektiv (Suchmissionen) und Fotojournalist betätigte und insgesamt 25 Jahre verlebte.

Ausgedehnte Reisen durch den gesamten philippinischen Archipel, davon hunderte von Kilometern zu Fuß in totaler Wildnis, ließen den Kenntnisreichtum Hanewalds zum Thema „Tropen" ständig wachsen. Nicht nur Land und Leute studierte er auf diversen Reisen intensiv, sondern auch die Tier- und Planzenwelt, die er ausführlich in Wort und Bild festhielt.

Diese Kenntnisse qualifizierten ihn unter anderem zur Durchführung spezieller Survival-Touren, die in Europa großen Anklang fanden. Wie nützlich solches Wissen unter Umständen ist, kann der Sohn des Autors bestätigen, der durch tropische Killerquallen fast zu Tode kam, aber dank einer simplen Papaya am Leben blieb.

Obwohl der Autor von über 40 Büchern und zahllosen Bildreportagen zwischenzeitlich seinen Wohnsitz aus verschiedenen Gründen wieder nach Deutschland verlegt hat, zieht es ihn immer wieder in tropische Länder zurück, deren Faszination ihn unvermindert gefangen hält. Dieserart gelingen realistische Vergleiche und Wertungen zwischen den so konträren hiesigen und dortigen Welten.